乡村振兴战略 科技惠农丛书
乡村致富故事系列

不出村能致富

——"互联网+农产品"经营实务

本系列主编 黄 卫 晁 伟 刘 斌
本 册 主 编 徐 克 熊 露 罗洁霞

中国科学技术出版社
·北 京·

图书在版编目（CIP）数据

不出村能致富："互联网 + 农产品"经营实务 / 徐克，熊露，罗洁霞主编 . —北京：中国科学技术出版社，2018.10

（乡村振兴战略 科技惠农丛书 / 黄卫，晁伟，刘斌主编 . 乡村致富故事系列）

ISBN 978-7-5046-7880-5

Ⅰ. ①不… Ⅱ. ①徐… ②熊… ③罗… Ⅲ. ①农村 - 电子商务 - 基本知识 - 中国 Ⅳ . ① F724.6

中国版本图书馆 CIP 数据核字（2017）第 317504 号

策划编辑 张 金 符晓静
责任编辑 符晓静 齐 放
正文设计 中文天地
封面设计 孙雪骊
责任校对 杨京华
责任印制 徐 飞

出　　版 中国科学技术出版社
发　　行 中国科学技术出版社发行部
地　　址 北京市海淀区中关村南大街16号
邮　　编 100081
发行电话 010-62173865
传　　真 010-62173081
网　　址 http://www.cspbooks.com.cn

开　　本 889mm × 1194mm 1/32
字　　数 95千字
印　　张 3.75
版　　次 2018年10月第1版
印　　次 2018年10月第1次印刷
印　　刷 北京盛通印刷股份有限公司
书　　号 ISBN 978-7-5046-7880-5 / F · 850
定　　价 22.00元

Preface 前言

互联网时代的到来，在转变人们生活方式的同时，也给农业这个传统行业注入了新的活力。尤其是随着电子商务技术的不断完善，“互联网＋农产品”的产业经营模式已得到了社会各界的广泛认可。2017年的中央一号文件（《中共中央 国务院关于深入推进农业供给侧结构性改革 加快培育农业农村发展新动能的若干意见》）专门提出“推进农村电商发展”，体现了党中央和国务院对电商下乡的高度重视。可喜的是，农业电商将互联网变成了连接农村和城镇的桥梁，开创了城乡协调发展的新路径，这不仅促进了传统农民向新型农民的转型，更推动了农村经济社会的跨越式发展。

我国农业电商市场在经历了探索期、市场启动期、高速发展期之后，正在慢慢走向成熟应用期。在此过程中，无论是农产品电商、农村日用品电商、农资电商、农村服务业电商，还是农村扶贫电商都得到了长足的发展。农业电商市场在吸引大量金融资本进入农业市场的同时，更改变了政府以货币支持为手段的扶贫方式，形成了“前人引路，后人追随”的商业发展模式和电商生态氛围，掀起了“草根创业”的新浪潮。

在“互联网＋农业”的引领下，农业电商发展势头迅猛，农村市场已经成为电商巨头们角逐的主战场。据商务部统计，2016年我国农村网络零售额达8945.4亿元人民币，农产品电商交易额超过2200亿元人民币。同时，受政策影响，农产品品牌逐渐受到人们的重视，农村电子商务生态圈的优势越发明显，线上线下融合发展的趋势逐步显现。然而，农产品同质化现象严重、标准化生产体系不完善、冷链物流配套系统滞后等问题时刻制约着农村电商的健康持续发展，很多农产品电商正在“烧钱”中艰难度日。推动农产品电商市场良性发展已经成为亟待解决的问题。

本书将针对上述问题进行探讨。全书共分为六章：第一章介绍在国内影响力较大的农业电商平台，并对其经营模式的特点进行了梳理；第二章、第三章和第四章从不同方面阐述了农产品电子商务的运作工具和经营管理方法，帮助读者了解搭建网络店铺、开展网店运营的必备因素和经验技巧；第五章总结了在做农业电商时必须注意和解决的问题；第六章列举了多个区域性农村电商的做法和成功经验。为了增强本书的实用性和可操作性，全书对重要的知识点和关注点均辅以案例分析，为读者理解问题提供直观的认识。

希望本书能够给有能力、有意愿进军农业电子商务市场的读者朋友们提供帮助。由于作者水平有限，书中难免存在疏漏与不足，敬请广大读者批评指正。

编　者

2018 年 3 月

Contents 目录

第一章
大型农业电商平台介绍

农业电商，顾名思义即通过搭建网络平台，将涉农行业的上下游所需要的农业物资、农产品和农民消费品等通过互联网融通起来，并进行电子化交易、流通和结算的商务过程。其目的是为了打通农业商品流通的产业链条，给广大农民和农业消费者提供一个便利的交易环境，降低流通中间环节所带来的成本。自1995年12月第一家农业电商平台郑州商品交易所“集诚现货网”（现中华粮网）成立以来，我国农业电子商务市场经过不断探索，逐渐进入了巨头引领、百家争鸣的高速发展时期，为我国农业经济的转型升级提供了新的契机。

一、大宗农产品 B2B 诚信交易平台——一亩田

【案例】

安徽省阜阳市临泉县共有人口230多万，是我国第一人口大县。这里气候温和、雨量适中，地表水资源丰富，极其适宜农业生产种植。临泉县既是全国粮食生产百强县、脱水蔬菜生产基地、国家重要粮棉油生产基地，也拥有华东最大的山羊市场——瓦店山羊市场。在这个菜篮子产品中转县，通过手机等移动互联网络，依托农产品 B2B（Business to Business）电商平台“一亩田”买卖农产品的专业合作社、种养殖大户、批发大户、商品经纪

人、农产品加工企业、餐厅超市等早已不在少数。只要打开一亩田的手机APP，不仅可以轻松找到各种各样的农产品销售信息，还可以实名注册，售卖自家的农产品。

在一亩田APP上，卖家可以通过上传自己拍摄的视频、照片等多种途径展示公司规模和产品质量，让采购商对自己的实力和产品有一个直观的了解，然后采用即时发布动态资讯的方式与客户线上交流，进行农产品的买卖。在平台上，买家还可以对卖家进行打分，分数越高说明消费者对这家公司越满意。一些信誉好的卖家甚至已经和买家形成了双方交易的预售模式，只等农产品收获以后直接运往买家。

一亩田的创始人兼CEO邓锦宏是“85后”。他在百度工作的时候敏锐地发现，传统的多层次市场体系决定了农村农业信息，特别是农产品的流通信息存在严重的不对称状况，于是便萌发了通过互联网构建大农村信息化的想法。经过多次尝试，邓锦宏终于找到了自己的经营模式，从最初仅仅提供农产品价格等信息起步，最终成为国内领先的为农产品产销提供对接服务的B2B交易平台。

截至2017年3月，使用一亩田APP的用户已超过400万，周活跃用户将近50万，在全国910个县进行着超过1.2万种农产品的交易。预计未来3年内，一亩田的使用用户将超过1000万，物流、农资、金融等农产品相关的周边服务也将随着交易量的上升而逐步开展。在平台效应开始形成之后，最终打通生产、流通、消费等各个产业环节，提升农业产业链的整体效率。

（一）平台定位清晰明确

互联网思维最主要的特征就是整合资源，而一亩田充分利用了这一优势，提高了涉农用户的使用积极性。一亩田的运营定位是聚焦线上买卖交易场景和服务平台的搭建，弱化交易功能。简单来说，就是通过网络给买卖双方提供信息，撮合双方交易，而不是让双方在平台上完成买卖。买家可以自由便捷地筛选出自己想要的产品，自行联络卖家。

（二）订单农业促进按需定产

所谓订单农业，就是农民事先与购买者签订包括数量、质量和价格等内容的契约合同，然后合理安排生产种植，避免盲目生产导致的卖难问题。“手中有订单，种养心不慌。”这些年，农产品高产所带来的滞销问题常有发生。丰收却卖不上价钱，销售还不如销毁，跟风种植带来的生产过剩已经成为农民不可忽视的问题。“先找市场、再抓生产”的经营模式不仅可以有效解决农民生产决策和产品销售这两大难点，还可以利用消费引导生产、优化农民的生产布局和产品结构。这两年，一亩田发起的农业产业链峰会吸引了来自全国各地的供应商和采购商，通过订单农业的形式实现了农民和市场的无缝对接，创建了自己的订单农业服务体系。

（三）精确匹配消除信息不对称

以往的农产品大宗交易主要靠中间人和经纪人连接产销双方，经纪人无法保证随时都有货源。一亩田平台可以为买卖双方提供最及时的市场信息，打通农产品的流通环节。北京的采购商只需在一亩田 APP 上搜索松茸就可以对比 1800 千米之外的各大批发代理商所销售松茸的规格、品质、价格以及代理商信誉评级等一系列信息，然后直接和卖家联系并进行交易。

（四）大数据建立诚信档案

在一亩田的平台上，大数据主要的作用是告诉买家，谁家的商品质量高、公司实力强。在一亩田平台上，买家不仅可以查到供应商的实力、看到他们的信誉等级，还可以找到符合要求的商家，并对他们是否能够诚信履约进行管控，大大增加了买家把握商品质量和价格的能力，提高了农产品的流通效率。

（五）集群效应助力农民增收

像临泉县这样，众多有能力、有信誉的商户聚在一起，势必会增加这个地区的配套物流、产业链连接乃至产业生态环境等一系列硬件实力，产生集群效应，从而吸引更多的买家，形成良性循环。农业产业搭上互联网的顺风车，不但可以提升农产品的流通效率，更可以有效提高农民收入，促进整个地区的经济发展。

二、科技创新引领农业发展——大北农

【案例】

2017 年 5 月，大北农集团在山东青岛举行了以“养猪大跨越、服务大升级”为主题的事业伙伴大会，来自全国各地的上千名合作代表围绕养猪业的行业发展趋势和生产服务转型进行了交流研讨。许多年前，大北农就打起了生猪交易的主意。从入股各大养猪场到做“猪联网”，从开创农牧产业互联网到“猪交所”，大北农的每一次动作都可以说是畜牧行业发展的风向标。不仅是畜牧业，2016 年 11 月，“渔联网”也在福建厦门正式上线，大北农宣布他们要打造水产界的“阿里巴巴”。

从 1993 年的两个人、两万元、两间房开始，到现在的 22000 多名员工、1500 多人核心研发团队、240 多家分 / 子公司和 140 多家生产基地，大北农一直秉承着“报国兴农、争创第一、共同发展”的企业理念。董事长邵根伙认为只有通过科技才能弥补农业的先天不足，因此大北农一直以农业科技作为企业的发展基础和中心。目前，大北农已经是一家集饲料、种业、动保、植保为一体的农业高科技产业集团。主要业务范围包括畜牧科技与服务、种植科技与服务、农业互联网等三大板块，通过“互联网＋

农业”的创新驱动推动了农业产业的持续发展。

“猪交所”即国家生猪市场，是由农业部和重庆市人民政府共同建设，以农信生猪交易公司为运营主体的国家级生猪市场平台。在这个平台上，买家可以获取不同卖家的猪源信息、用料用药情况并进行交易。同时，平台采取了对猪场规模和规范进行认证、使用保证金交易来约束买卖行为、建立诚信档案体系、发布生猪市场价格相关指数和行业新闻分析等一系列措施，让买家更有保障。除此之外，平台还建立了以农牧商城和农资商城为核心的农信商城，借此打通农牧产业链，形成交易闭环，让用户享受一站式的购物体验。

“智农通”是大北农旗下的另一款应用产品，它帮助用户与农信商城、猪联网、渔联网、田联网、企联网等进行无缝对接。用户不仅可以通过手机买卖诸如饲料、种子、动保、疫苗、植保、生物饲料、种猪等农产品和农资产品，还可以查看相关市场行情、新闻资讯，更可以通过农富宝或农信贷进行贷款、理财、投保，建立自己的“手机银行”。

（一）科技创新带动产业发展

大北农通过组建饲用微生物工程国家重点实验室和作物生物育种国家地方联合工程实验室以及动物营养、生物饲料、作物育种、动物遗传育种、动物医学与动物保健、生物农药相关创新机构和研发团队提升科研水平，并承担多项国家级、省部级课题，拥有多项国家发明专利和实用新型专利，实现了科研成果的快速产业化。近几年得益于坚持科技兴农的理念，大北农的科技成果不断突显，逐步形成了以科技为核心竞争力带动产业发展的集团模式。大北农还首次以民营企业的身份设立了院士专家工作站，邀请多名院士进站指导工作，为集团产、学、研的有机结合发挥了重要作用。

（二）资源整合颠覆传统模式

大北农利用自身整合资源，尤其是流通资源的优势，通过物联网技术，依托移动互联网平台，将猪联网和渔联网打造成了直面养殖终端的综合服务平台，为用户提供产销、物流、信息乃至金融等多方面的服务支持，打通了养殖流通产业链，帮助养殖户直接销售。随着智慧大北农战略的深入实施，集团的生产、交易、融资、流通效率不断提高，完整的养殖生态圈闭环已基本形成。这不仅打破了生猪和水产产业的传统商业模式，也使集团成为整个行业的领跑者。大北农正在用全新的互联网思维引领着市场潮流。

（三）科研人才提升企业竞争力

大北农十分注重科技人才的发掘培养，通过设立两年一届的“大北农科技奖”来奖励那些在农业科研领域取得突出成绩的科研人员，旨在鼓励科技创新、推动成果转化。同时，大北农也大力支持农业教育，通过设立“大北农励志助学金”向各大高校农业专业的优秀学子每年发放 200 万元奖学金；参与创办“中国农民大学”、与高校合作创建“大北农班”培养新型农民，促进农业教育发展。大北农还建立了博士后工作站，并与国外多所高校、机构搭建合作平台，为培养具有专业背景的高层次农业科技人才打下了坚实的基础。正是因为拥有了这样优秀的人才队伍，大北农才能取得今天的成就，也完美地诠释了人才资源在科技创新中的决定性作用。

（四）企业文化融入时代潮流

我国正处于从“制造型国家”向“创新型国家”转型的时期。大北农始终把科技作为农业发展的原动力，并创建了以“产业报国，科教兴农”为核心的奋斗目标和企业文化，力争在 20 年之内将集团打造成世界一流的农业科技企业。在这样的愿景下，大北农为员工提供了充分自主的创业平台，鼓励员工变革突破、实现自我价值，让员工以主人翁的心态全身心投入工作。

三、行业领先的植物营养服务商——云农场

【案例】

党的十八届三中全会的召开，开启了农村土地流转变革的大门。2014年，几个三十来岁的年轻人，凭借着对“互联网＋农业”的敏感性，紧紧地抓住了土地流转带来的新机遇，将互联网技术运用到农业产业链上下游，创建了一家名叫“云农场”的农业互联网企业。

云农场是我国首家农业互联网高科技综合服务平台，其经营范围包括利用互联网平台对农民销售农药、种子、化肥、农机等农资产品，并提供多项农综合服务，如农技服务、农产品定制与交易、乡间物流、农场金融和测土配肥。上线一年多，云农场就拥有2800多个农资产品在线销售，消费用户近百万，共建县级服务中心460多个，村级服务站2万多家，并在山东、江苏、辽宁、内蒙古等18个省、自治区迅速传播。通过云农场互联网平台达成的在线农资成交量占全国成交量半数以上，成为“互联网＋农业”领域的佼佼者。

为了更好地服务农民、发展现代化农业，云农场在线下建立了村站和测土配肥站。村站主要承担农技咨询服务，定时向农民手机中推送“何时施肥、何时除草、何时打虫”等信息，并及时解决农民在农耕时遇到的问题，以此增强农民对村站和对云农场的信任，从而让农民放心地在云农场上购买农资产品。测土配肥站则拥有大量专业技师和实体服务站点，通过实地考察科学调配高性价比肥料，不但大大降低了农民农资采购的成本，还改善了农村的土壤环境。

云农场利用“互联网＋农业”的电商平台，不但将农资产

品拿到网上售卖，给农民带来实惠，还从田间地头出发，缓解水土污染，保护自然资源。目前，云农场已经与中国科学院、中国农业科学院、农业部和美国加州大学戴维斯分校等几十个国内外单位联合协作，通过对接美国、日本、俄罗斯等国家和地区的农业资源拓宽了销售渠道。云农场之所以能在这么短的时间内取得显著的成果，主要归功于着眼整条农业产业链，形成了涵盖农业产前、产中、产后的现代农业服务生态圈，转变了传统的农业思路，用高科技对农业运营机制进行创新，走进了农业 3.0 时代。

（一）提供专业定制化咨询服务

针对各地区不同土壤条件以及农作物品种所需的化肥种类，云农场建立了拥有国际领先水平的测土服务和测株服务，配备专业技术人员深入农田，为农民现场测土测株，然后根据土壤条件、作物品种及所处生长阶段，提供测、配、供、施的流程化服务，提供精准的液体配肥及固体配肥等个性化配方，以达到改良土壤、增产增收的目的。比如，农民可以在网上申请测土，然后将自家的土壤寄到最近的云农场服务中心，5 天以后就可以收到检测结果和适合自己土壤的化肥配方，缺什么补什么，十分方便。同时，云农场还设立了村站，给那些不熟悉互联网操作的农民提供农技咨询服务。农民可以在工作人员的帮助下成为云农场会员，在线购买农资产品。农民在种田过程中遇到有关播种、收割等农技问题也可以来村站咨询，或者将相应问题的照片或视频传送至农技通，求助农技专家。截至 2015 年，已有 80 万农技专业人才加入云农场的农技通平台，村站还定期组织工作人员就专业农技知识进行培训，为农民科学种田提供专业的咨询服务。

（二）提供优惠透明的农资产品价格

云农场为帮助农民花最少的钱买到最优质的农药、种子、化肥、农机等农资产品，设立村站帮助农户解决问题，并提供交易平台，方便村民购买农资产品。这样不仅缩短了传统农资销售的中间环节，还解决了传统信息不对称、不透明的难题，降低了农资价格，方便农民购买质高价廉的农资产品。当农民需要购买农资产品时，只需要到就近的服务站咨询，站点就会提供相应的产品。农民也可以在网上查找不同厂家的农资产品报价情况，选择自己想要的产品，然后由站点工作人员帮忙下单。像这样，云农场通过为数万农场主和农资产品供应商搭建桥梁，不但用互联网平台改变了传统农资的销售模式，还节省了中间成本，让农资生产厂家直接将化肥、种子、农机、农药卖到农户手里。

（三）开发线上衍生增值项目

云农场利用平台所汇集的信息，将用户购买记录和收集到的专业解决方案建立数据库，进而形成有价值的资讯讯息。根据这些信息，农资厂家可以提早知道哪些区域的销量相对集中，然后就可以提前准备、精准销售。同时，基于大数据平台，云农场还建立了农产品可追溯体系，包括种子、生长环境、农药化肥施用情况等信息都可以通过大数据储存起来，在需要的时候随时调用。在销售端，云农场搭建了网上平台“丰收汇”，将供应和需求的信息汇集一处，给农民和消费者牵线搭桥，把优质农产品直接从田间地头交到消费者手中，不仅节省了中间费用，还降低了损耗，让买卖双方都得到实惠。针对一些快递送不进村的问题，云农场则承揽了多家大型物流公司的区域快递业务，开发了一款“乡间货的”的 APP，组建“云骑士”队伍进村为农民送货，真正打通了农村物流的“最后一公里”……云农场正是通过整合上下游资源，以个性定制化肥为突破口，进而开发出了多个衍生增值项目，将农业和互联网深度融合，开启了农业电商的新篇章。

四、“村里有人”的沟通交流平台——村村乐

【案例】

在如今的互联网时代，农村互联网已成为一个极具吸引力的蓝海市场，吸引着越来越多从农村走出去的大学生返回农村建设家乡。2010年，刚毕业两年的胡伟仿照美国社交网站“Facebook”创建了农村地区的社交平台“村村乐”。截至2017年，网站已经覆盖了全国的31个省（自治区、直辖市）、345个市、3146个县、45166个乡镇、660077个村庄，全国村庄覆盖率高达80%以上，年均收入几千万元，风投估值10亿元人民币，成为名副其实的中国第一大农村网站。

村村乐起初是以论坛的形式出现，后来发展成为集网络社交、分类信息、电子商务为一体的综合互联网交流平台。其运营模式主要分为线上和线下两种：线上主要以招募站长为主，将庞大的乡镇“化整为零”，由站长管理；线下由招募的站长通过墙体广告、路演巡展、村委广播、横幅广告等方式进行农村市场推广。网友可通过村村乐网站了解乡镇动态，把握未来发展态势；也可以发布、学习致富信息，交流乡镇发展经验，构建信息化网络平台；还可以发布有关经济作物、果蔬、种子、畜牧、饲料等农产品供应和求购信息，利用互联网平台方便、快捷地购入或卖出所需要的农产品。

默默耕耘5年的村村乐，突然成为众人热议的对象，主要原因是国家对农村电商的逐步重视、常年积累下来的站长资源和适当的商业包装。由于村民们对村里人的信任度远高于其他受追捧的网络服务平台，所以村村乐在每个村庄都瞄准致富领头人和大学生村官，招募站长一职，以人为信息传播点，将电商平台和网络服务带入农村市场。

村村乐凭借与平面媒体和网络媒体的长期良好合作关系，第

一时间为农户发布最新的惠农政策信息，为农户发现和创造商机提供平台基础，让农户时刻走在农业发展的最前端。在村村乐网站上，农户不仅可以查看到猪、牛、羊、鸡、蔬菜、水果等农产品关于选种育种、疾病防治、加工技术、病虫防治、栽培管理等的技术方法，还可以发布自己在养殖和播种中遇到的问题，让农户之间充分自主地交流经验，用互联网提升务农效率。

现阶段，村村乐在我国农村的推广工作已较为成熟。为了更好地挖掘农村网络市场，村村乐计划打造一个覆盖全农村的超市系统。首先为每个超市提供一套超市管理系统，便于数据收集，然后逐步建立一个以销售服务、信息交流和物流代办于一体的商业模式，并为每个超市提供免费的无线网络，以便吸引更多的村民来超市“蹭网”，促进消费。与此同时，村村乐将牢牢把握站长资源，通过引进代理种子化肥、战略合作伙伴等资源、资金来协助站长，帮他们扩展农村市场。

（一）构建“化整为零”的管理模式

我国村庄数目庞大，无法做到统一管理，而村村乐采用的正是“化整为零”的管理模式：线上通过设立村站长来进行管理，站长负责村庄网站的推广、设计、会员发布信息审核及产品代理，搭建连接村村乐与村民之间的桥梁；线下负责宣传栏推广、营销服务、电影下乡等市场推广工作，为农产品市场供应及农业资源的开发利用开辟消费市场。现如今，留在田间务农的大多是“50 后”“60 后”，要让他们用手机或电脑了解村外的新鲜事物很难。站长不但可以在宣传中将互联网知识渗透给村民，还可以根据本村的实际情况开展相应的工作。

（二）提供全新的互联网盈利模式

村村乐网站每天发布大量的信息，内容丰富，覆盖面广，足不出户就可以了解各村风貌、生产、生活信息和个人、企业及政府等与农业相关的信息。村村乐网站的建立促进了各村之间的交流，建立了村民间的沟通渠道。村民们可以在网上发布想了解或想分享给别人的信息，比如，耕作中遇到的困难、每天遇见的新鲜事、探讨致富方法等。村村乐拥有高效、实时的信息管理系统，分布在全国各站点的站长也会实时更新诸如农药、饲料、农作物、农机具的求购和供应信息。通过对农民和市场需求的掌握，村村乐制定出一系列严谨的推广流程和执行标准，解决了长期以来困扰着农民的农产品产销难题，真正实现了让农民足不出村就可创收的愿望。

（三）拥有成熟的村庄资源整合能力

村村乐以信息发展和资源整合为主体，以创新的整合方式和独特的传播媒介为外延，高效地整合了我国村、镇、县、市、省（直辖市、自治区）五级立体式渠道的合作机构及乡镇兼职人员，致力于成为我国城乡整合解决方案的供应商。村村乐以其完善的服务体系，一站式覆盖农村生活与生产需求，始终保障终端网点的采集和执行速度，不断开拓农村网络市场，打开了农村互联多元化发展的局面。

五、优选商品，服务到家——顺丰优选

【案例】

荔枝，盛产于我国南方地区，是“南国四大果品”之一。每年夏天，大家都盼望着能吃到南方新鲜的荔枝。以前，从南方产地采摘、包装再运输到北方市场大约需要 192 个小时，也就是 8 天的时间。而现在，顺丰优选打破了运输的壁垒，实现“产地直采，次日送到”，从枝头到舌尖不超过 48 小时。截至 2017 年，顺丰优选已连续 5 年推出配送新鲜荔枝业务。

顺丰优选的成立来自一次尝试。2009 年端午节前夕，顺丰速运利用自身完善的物流系统在江浙沪一带尝试推销“五芳斋粽子”，居然获得破百万的销量。之后，顺丰速运开始尝试在特定时间点推销节日性、时令性商品，如中秋节的月饼、春节的年货，以及秋季上市的大闸蟹，都获得了不错的销量。2012 年，一个主打“销售健康安全食品”的网络平台应运而生，顺丰优选正式上线。

顺丰优选依托母公司强大的物流系统，以“优选商品，服务到家”为宗旨，致力于为客户提供包括生鲜在内的各类美食。近几年，顺丰优选发展迅速。2013 年日均销售额约为 40 万元，“双十一”当天高达 1500 万元；2014 年日均销售额实现翻倍增长；2016 年更是作为最年轻的企业在第二季度中国网络零售 B2C（Business to Customer）市场交易份额中占有一席之地。

（一）提供产地直供的生鲜农产品

荔枝、杨梅等生鲜农产品深受大众喜爱，但它们上市期较短，时令性也较强，且入库冷藏的保存方式并不能完全保证它们的口感。顺丰优选针对这一情况，采取“B2C 零库存”模式进行销售，即农产品的采购量完全取决于客户的需求。根据客户的实际下单量，分散在全国各地的顺丰优选员工直接在生鲜农产品的原产地进行采摘，然后运用顺丰速运配送到客户手中。同时，顺丰优选还结合各省农产品的地域特色，分别开设了 12 个地方特色馆，也采取产地直供的方式。产地直供，大大减少了流通环节，缩短了供应链，一方面降低了生鲜农产品在运输过程中产生的损耗，以及变质、腐坏等情况发生的可能性，保障了农产品的新鲜度与品质；另一方面，流通环节的减少使顺丰优选获得了更大的盈利空间，并降低了农产品的销售价格。

（二）精细化标准确保农产品品质

顺丰优选对农产品质量的管理和控制颇有一些可取之处。生鲜产品作为一种典型的非标准化产品，在采购、存储、运输、销售等方面都需要实现不同程度的精细化管理。顺丰优选专门设立了采销部及食品质量与安全部。相比于标准化产品易于判断好坏，果蔬等生鲜产品由于批次不同，很难根据一套标准判断好坏，因此采销部制定了一系列严格的采购规范，还要求从业者必须具备一定水平的农业知识，能够通过手感、大小等非标准手段对生鲜产品的质量进行判断。食品质量与安全部主要负责从采购到仓储再到物流的全过程质量控制。比如，先要对采购企业的各项资质进行审核，在商品入库时还要进行质量检查并出具质检报告等。依托于优质的货源保障、准确的销量评估以及严格的产品保鲜，顺丰优选可以将生鲜产品的损耗率控制在 1% 以下（一般传统商家难以达到的水平）。

（三）采用全程冷链配送模式

冷链物流对生鲜产品的重要性毋庸置疑。如果运输过程中卫生条件不达标，生鲜产品就很容易腐烂变质。顺丰优选的生鲜产品之所以能够完好无损地交到消费者手中，就是依靠自身强大的冷链物流。2016 年，顺丰以 59 座冷库、71 条运输干线、497 台冷藏车打造的冷运网络实现了对 56 个核心城市及周边区域的覆盖。在这些地区，顺丰配合使用冷藏箱、冰袋、保温袋等各类温控设备实现分拣、包装、运输、派送的“全程冷链配送”。

（四）拥有高效的物流配送优势

高效配送一直是顺丰速运的品牌竞争力。顺丰优选将这种核心竞争力运用到生鲜类产品的配送上是必然的。顺丰优选正式上线后，立即就有消费者体验了一次“次日达”的配送效率，感觉非常方便快捷。顺丰优选承诺“生鲜产品48小时内送到，普通产品72小时内送到”，并完美融合了顺丰速运的高效配送优势，成为生鲜产品配送的新标杆。

（五）速度营销确立品牌优势

顺丰优选上线之时恰逢纪录片《舌尖上的中国》在全国掀起美食风潮，消费者对各种美食信息保持着极高的敏感性。“吃货”这个传统意义上的贬义词也去除了贬义的感情色彩，并通过互联网广泛传播。顺丰优选借此机会实现快速推广：将一只大嘴鸟作为品牌形象在北京地铁广泛铺设广告，以此凸显“吃货”的网络含义，吸引了广大美食爱好者的持续关注。同时，顺丰优选还注册了以“顺丰优选”为关键词的通用网址和无线网址。通用网址的价值在于可以提供可信的电子商务联盟服务，顺丰优选可以在全国600多家国内顶尖垂直门户进行置顶推荐。借助这种推荐方式，顺丰优选实现了互联网上的定向推广，在短时间内实现了品牌认知的迅速提升。

六、有机、天然、高品质的垂直生鲜电商——沱沱工社

【案例】

沱沱工社是由九城集团成立的有机食品网上超市，即采用B2C模式销售有机食品和安全食品，以肉、蛋、禽、蔬菜为主销产品，同时坚持从田间到餐桌的全程冷链配送，配合B2C、移动互联网等方式获取用户。沱沱工社已经在全国布局1个直营农场和8个联合农场，其肉、蛋、禽、蔬菜等有机食品主要就是由这9个农场提供。虽然建立了自己的物流中心和配送系统，但是在总投入有限的前提下，沱沱工社还是把主要精力放在了北京——80%以上的销售额都是在这里完成的。除了肉、蛋、禽、蔬菜等

有机食品由自营农场供应，还有一些有机食品采取与合作商合作的方式供应。例如，深海鱼类都是国外进口的，因为国外的海捕技术可以保证深海鱼的新鲜和营养。

（一）自建有机农场

为了能够为消费者提供真实可靠的有机食品，保证农产品的安全与新鲜，沱沱工社投资近 4000 万元在北京平谷马昌营镇建设了一座占地面积约 1100 亩（1 亩 ≈ 666.7 平方米）的有机农场。由于有机农业的基础是土壤，因此需要花费很大的力气改良土壤，使其各项指标能够符合有机农业的标准，并且土壤改良期间没有任何产出。土壤改良完成后，为了能够产出品质优秀的有机农产品，沱沱工社制定了严格的种植标准和程序，坚持使用纯天然的耕作方法，采用人工育苗，施用有机肥，并采用了先进的秸秆反应堆技术。沱沱工社还重金聘请了两位农学博士和一位留学归来的农业专家，由两位博士亲自负责有机蔬菜种植，农业专家则负责整个农场的运营。沱沱工社建立农场的目的很明确，就是要以有机农场为基础建立安全透明的有机食品供应链体系。从土壤改良、施用有机肥料再到病虫害防治以及农产品的收获，沱沱工社把每个环节都纳入严格的监控之中，保证了产品的质量。

（二）增强管理降低损耗

降低损耗可以有效降低生鲜电商的成本。生鲜的损耗主要来自 5 个方面：种植、储存、加工、配送以及滞销。对于普通的蔬菜和水果来说，市场周期最多只有 7 天，而叶菜保鲜期只有 3 天。沱沱工社把零售业中的库存考核引入库存管理中。如叶菜类商品的市场周期只有 3 天，当时间过去一半之后，沱沱工社就马上会进行产品处理，采取降价促销、打包延长保质期等方法减少库存损耗。沱沱工社还在位于河北曹妃甸的一个联合农场里实验了循环农业。在农场里进行了水系改造之后，鱼塘可以养鱼、螃蟹、鸭子，残渣可用于沼气发电，这些废料最后都可以用来做植物的肥料，从而形成损耗很低的生态养殖体系。

（三）巨资打造冷链物流

生鲜电商总是离不开物流和配送，由于物流成本或者其他原因，传统的 B2C 网站始终不愿意提供生鲜产品送货上门服务。目前大多数 B2C 网站限于资金实力还是选择跟第三方物流合作，有的 B2C 网站还容易出现货品断档。为实现“新鲜日配”的目标，沱沱工社斥巨资建立了现代化的物流中心。这个物流中心集冷藏、冷冻、加工等功能于一体，分为标准库和生鲜冷冻冷藏库，还购置了具有冷藏、冷冻等多温层的配送车。为了保证配送服务的及时性，沱沱工社进行精细化管理，提出了一种名为“产出预报”的库存调配方式，即提前 3 天进行产出预报，模拟农场的产销数量，根据客户当天下单数量来决定第二天的采摘数量，最后由配送车直接配送到客户家中。

（四）凡事用数据决策

在传统行业中，企业经营决策者的决策依据通常是凭自己的经验和感觉，而在沱沱工社，决策的基本依据是数据。整个团队都采用数据化管控方式，通过一套逻辑严密的数据分析工具进行精细化运营管理来降低企业的决策风险。在农业种植计划中，沱沱工社的生产计划制订的依据就是前一年消费者的消费数据以及销售团队的销售数据。根据历史数据估算未来一年的总需求量，并通过技术手段对生产微调。比如，某一天发现西红柿的产量大于销售量，那么西红柿大棚的棉被就要延迟放下来，这样可以让西红柿晚熟 3～4 天，从而对市场的供需状态进行平衡。同时也需要销售团队配合加快营销节奏，卖出库存的西红柿。

（五）营造健康可持续的行业环境

要想为一个企业乃至一个行业缔造一个健康、稳定、可持续发展的未来，不仅需要让消费者享受优质的产品和服务，同时企业还需要肩负起自己的社会责任，为创造良好的社会环境和自然环境贡献自己的力量。只有企业发展与社会和自然形成了良性互动，才能构建起行业可持续发展的长效机制，这也是沱沱工社一直坚持的理念。出于这样的长远考虑，沱沱工社一直坚持与地方经济共同成长，与农民生活水平共同提高。北京平谷马昌营镇的一部分农民最先尝到沱沱工社带来的甜头，他们借着与沱沱工社合作的机会率先富裕起来。沱沱工社在发展壮大的同时，将自身的市场渠道带到了农村，为相对封闭的农村市场带来了活力。沱沱工社还利用自身的资源组织了多次农产品进社区等活动，帮助农民进行农产品销售。

第二章
农产品电商的运作工具

一、网络平台的构建

（一）什么是农产品电商网络平台

农产品电商网络平台，是指运用互联网技术搭建电子商务网站，经营农产品的企业或者个人可以通过该网站发布农产品的供求消息，以此来提高农产品的销售量。农产品传统销售模式一般是面对面交易，受时间和空间约束较大，而且充斥着很多中间环节，无形之中降低了经营者的收益，也增加了消费者的购买支出。电子商务网络平台是一种新型的农产品营销模式，一方面，通过电子商务网络平台，农产品的生产经营者和消费者可以随时随地发布、关注农产品交易信息，农产品的交易活动不再受时间和空间约束，在很大程度上提高了农产品交易的成功率；另一方面，电子商务网络平台在一定程度上减少了农产品流通的中间环节，给农产品的生产者和消费者带来了实实在在的利益。对生产者而言，能够更加自主的制定产品的价格，自身的利益得到了保障；对消费者而言，可以“货比三家”，购买的农产品质量得到了提升，成交的价格也更加合理。总的来说，电子商务网络平台使农产品的交易双方能够更加容易完成交易。

（二）农产品电商网络平台的构建

农产品电商网络平台的构建形式多种多样，经营农产品的企业或者个人应根据自己的实际需要，选择入驻现有的电商网络平台或者是自己搭建全新的电商网络平台。如果是直接入驻现有的平台，就要根据自己的需求选择平台的类型，然后在平台上注册成为会员，按照流程开设店铺；如果是自己搭建电商网络平台，那么就要明确搭建平台的流程。

自建电商网络平台分为以下几个步骤。

1. 明确建立平台的目的

在开始搭建电商网络平台之前，需要农产品的经营者确定建立平台的目的和目标，只有明确了目的和目标才能更好地实现平台的价值。电商网络平台的目的取决于农产品经营者的管理方向，例如，建立平台可以是为了推广、宣传自己的产品，可以是为了直接面向消费者进行销售，也可以只是为了提供农产品的售后服务。这些都是需要在建立电商网络平台之初就规划好的。

2. 确定域名

俗话说“好的开头就是成功的一半”，对于一个电商网络平台来说，一个好的域名就是成功的一半。域名通常隐含着企业名称，所以在确定域名时一定要慎重，要从长远的角度确定域名，通常要简洁、易于识记，最后的后缀一般选用 com，这样在宣传过程中容易被用户记住。

3. 确定平台软硬件

一个运行良好的电商网络平台需要软件和硬件两个方面的支持。硬件是指平台运行所需要的空间。运行空间可以根据平台的需求选择服务器和虚拟空间两种。空间的大小要通过评估未来平台发展所需要的空间来决定，而且空间大小并不是不能改变的，如果发现空间不足的话还可以继续扩充。软件指的是设计平台所用的程序语言，选择适当的程序语言可以提高平台运营管理效率，而且还方便未来对平台进行优化和扩展。在搭建电商网络平台之前一定要明确平台需要哪些功能，并与搭建平台的服务提供商沟通清楚。因为有一些功能往往对应着特定的程序语言，所以这些问题在建设之初都要考虑清楚。

4. 设计平台页面

现在已经有专门的电商网络平台页面设计师来帮助我们设计平台页面，大大提高了页面的视觉效果。但是平台页面也是为平台功能服务的，一定要在实现平台功能的基础上再去追求高质量的页面视觉效果，在设计之前一定要和设计师进行充分交流和沟通。

5. 平台试运行

平台页面设计完成之后就可以把程序上传到空间，并测试平台的功能和页面效果。主要是测试平台功能能否正常操作，平台网站能否正常访问，访问速度是否快速，页面效果是否正常，等等。试运行阶段如果发现问题还可以及时补救，如果等到公布给用户才发现问题就会使企业形象大打折扣。

6. 平台宣传

网站试运行正常之后就可以发布了。为了吸引更多用户访问平台，企业需要对平台进行宣传推广。现在已经不是“酒香不怕巷子深”的时代了，如果企业想要短时间内在用户中获得一定的影响力，一定要在宣传和推广两方面下足功夫。

（三）农产品电商网络平台的案例

随着计算机信息技术的快速发展，目前农业电商网络平台的形式多种多样，涵盖了农业生产链的不同环节，服务于农业生产的各个阶段，如：生产前期的种子、农药、肥料、机具等；生产中期的果蔬种植、林业种植、畜牧养殖等；生产后期的产品加工、销售信息、产品市场等。下面将介绍两个不同类别的农业电商网络平台。

1. 爱种网

爱种网是成立于 2014 年 9 月的农资领域电商网络平台，由国家级种业基金——现代种业发展基金和隆平高科、中种集团、丰乐种业等 11 家国内大型的种子公司共同投资设立，接受农业部种子管理局和中国种子协会的指导。爱种网目前经营的商品种类主要为水稻、玉米、小麦、棉花、大豆、油菜等粮油作物类种子以及西瓜、辣椒、番茄等果蔬类种子。除此之外，还提供复合肥、叶面肥、有机肥等各种农业生产资料。

（1）平台建立的目的　爱种网搭乘国家“互联网＋”行动计划的东风，在发展方向上选择种业互联网领域，致力于在种子企业、农户、渠道商之间打通信息流的传递通道。除了提供种子和农业生产资料信息，爱种网还向技术服务、专家指导、信息咨询、金融保险等领域拓展，着力打造具有公信力的第三方信息、电商、信用和大数据平台。

（2）平台域名的确定　爱种网的域名是“www.51zhongzi.com”，“51zhongzi”是“我要种子”的谐音，既简洁又便于识记，同时也强化了平台用户对平台以种子相关信息为主要业务的认知。

（3）平台的宣传推广　爱种网的宣传方式是“到群众中去”，也就是到基层种子经销商和农民中去。爱种网的工作人员对种子经销商进行平台使用的培训，并深入农村，调研农民的消费习惯和偏好。这种被他们内部称为“扫乡活动”的任务在春耕时期几乎每周都会进行，其目的就是为平台用户服务，让他们更爱用这个平台。

截至 2016 年上半年，在爱种网平台上线的农资企业已经超过 110 家，发布的各类种子、化肥等农资产品超过 1800 个，注册的经销商超过 4500 个，很多农资企业和经销商通过爱种网实现了首次合作。平台注册用户接近 50000 人，其中种粮大户超过 46000 人。仅 2016 年上半年，爱种网就完成了线上订单 1.2 万笔，实现交易额 4.3 亿元人民币。

2. 爱养牛平台

爱养牛平台成立于 2015 年，由城云科技、蒙牛集团、中粮集团、富源国际共同出资设立，由城云科技具体建设运营，是集购物、服务、科学检测于一体的畜牧业电商网络平台。由于传统畜牧业存在供应链长、交易成本高、管理水平低等一系列行业痛点，爱养牛平台应运而生。爱养牛平台充分利用了云计算、大数据等新一代信息技术并进一步创新商业模式，推动畜牧业转型升级。

（1）平台建立的目的　爱养牛平台将牧场、供应商、从业者、乳企、消费者以及行业连接在一起，形成了乳业的开放生态平台。在这个平台上，供应商可以通过 O2O（Online to Offline）直接连接到牧场，在降低采购成本的同时，采购效率也大幅提高。爱养牛平台作为一个电商网络平台，可以在平台展示所有牧场的需求信息，为供应商营造一个公平的市场竞争环境。

（2）平台域名的确定　爱养牛平台的域名为“www.aiyan-gniu”，“aiyangniu”是“爱养牛”的谐音，方便识记的同时突出了平台的主要业务。

（3）平台的宣传推广　爱养牛平台内嵌了直播服务，所有的乳业从业者都可以在平台上分享自己的管理经验及技术，并与其他从业者实时沟通交流；平台上所有的交易数据汇总之后经过大数据分析可以为乳企实现市场精准分析并提供决策支持；对消费者来说，从奶源到奶制品产出的全流程都是公开透明的，为其树立了消费信心。通过为乳业各方参与者提供各种有利条件，平台最终可以促进自身知名度的提升。

截至 2016 年 9 月，爱养牛平台已经有超过 200 家供应商入驻，连接了超过 30 万头终端奶牛，在销产品近 12000 件。从长远来看，爱养牛平台的模式将会成为解决乳业行业痛点和实现产业转型升级的重要经验。

二、移动终端的优势

（一）农产品电商移动设备的出现

农产品电子商务是伴随着互联网在农村的普及而兴起的。现在很多农产品电商强调做农产品电子商务只需要有一根网线和一台电脑，这对于传统的农产品销售模式来说确实是一个重大的改变，但是通过网络销售农产品并不是农产品电子商务的全部内容。农产品如果想要真正搭上电子商务的快车，就必须充分考虑农村的现实情况。从硬件设施来看，对农民而言最直接的电子商务工具是手机而非电脑。毕竟基于目前农村的生产条件，农民还是要到田间地头去，不可能一直守在电脑前面。“联兴农”（农产品网络渠道服务型网站）曾经派专家团到河北、山东等地实地调研，当地很多农民觉得使用电脑比较麻烦。因为大部分时间他们都在生产基地或者技术站里，不论是发信息还是查资料，都不能随时随地使用电脑，所以开发出能够在移动端使用的农产品电子商务平台很有必要。

得益于技术的进步，智能手机、平板电脑等移动终端的普及速度正在加快，这推动了移动互联网快速替代 PC 端互联网。《2016 中国移动互联网创新趋势报告》中指出，得益于移动终端和移动互联网的快速发展，移动购物正在成为主流的网络购物方式。淘宝、京东、苏宁易购等电商平台巨头们一直在努力培养消费者进行移动消费的习惯，消费者也越来越倾向于在移动端进行购物。据统计，2016 年中国移动购物 APP 的月度活跃用户达到了惊人的 4.7 亿，这一数据在 2020 年预计将突破 6 亿。随着整体行业理念的更新，移动互联网通过智能手机、平板电脑等移动设备已经逐渐扩展到移动支付、互联网金融、微商城等移动互联网时代的新产业、新业态。现在某些电商都已经开始积极布局专为卖家设计的“卖家手机”。从移动互联网的发展与农民的需求结合来看，手机终端相比于PC端在适应生产流动性方面对农民来说有天然的优势。农产品电子商务的一些固有特点也对移动终端提出了特殊要求，目前国内农用移动终端已经面世，并且得到了很多农民的认可，虽然在一些功能设计上可能还需要改进，但确实是一个进步。

（二）农产品电商移动终端的优势

智能手机、平板电脑等移动终端的普及不仅可以使消费者离开电脑，也可以使生产经营者摆脱电脑，从而实现手机移动端之间的直接连接。在这种连接中，网络还是可以作为移动网络平台正常运营的有力支撑，包括数据存储、产品宣传推广等。所有的市场需求信息发布、商品下单购买等功能都可以用手机实现，这可以说是对电脑加网线的传统电商模式的颠覆性革命。电脑上五花八门的网络平台让农产品电商的从业者们疲于应付，他们需要先在不同的网站上注册，然后再发布信息，但是这些网站为了保护自己的利益往往会建立各种形式的保护壁垒，如果用户不注册并登录，则无法看到网站上的农产品信息。网站的局限性不仅让农产品电商不厌其烦，也成为网站自身发展壮大的瓶颈。

农用移动终端的面世，为农产品电子商务的发展注入了新的活力。但是，如何在移动端上高效准确地发布信息，如何保证信息的有效性成了农产品电子商务从业人员面临的难题。就目前来讲，移动端固然重要，但是要形成真正的效益还有很多工作要做。比如，精确地找到农产品的特色和亮点，为农产品打造独一无二的卖点，操作视频摄录软件对农产品进行线上展示，选择合适的视频发布时机，等等。政府可以提供一些帮助和扶持，相关企业也可以提供专业的服务，如政府可以将农民集中起来进行培训，在线摄录服务提供商提供在线学习的教程，最终目的是让农民熟练使用移动端。

移动互联网和移动终端的普及为农产品电子商务的发展营造

了良好的环境和氛围。建立和拓展农产品网络销售渠道，并针对网络渠道不断改进服务内容、提高服务质量，是农产品电子商务服务企业实现长远发展的重要手段。

（三）农产品电商移动终端案例

目前，很多农产品电商企业开发了移动客户端，这能让农民更好地体验农产品电商带来的方便。

大茶优选于2015年12月正式上线，是湖南大茶视界控股集团有限公司旗下的移动端微商城平台。大茶优选借助国家“一带一路”倡议深入贯彻落实的有利时机，精心挑选了“一带一路”沿线超过50个国家、近100个城市的优质农产品。大茶优选致力于以农产品为开端搭建一个统一的线上平台，并通过共享商业数据以及市场机会来破除区域壁垒，带动一大批沿线农产品从业者投入到创业中来。

大茶优选通过先进的经营理念吸引优质的创业者在平台上提供高质量的产品，致力于建成创业者和消费者买卖的首选平台。通过手机登录大茶优选后，点击“我要创业”，进入“创业中心”，购物累计满288元，在确认全部到货后，就能自动升级为大茶优选的创业者。创业者可以建立自己的微小店，只要通过自己的分享形成实际销售，就能赚取自己的创业基金。

同时，大茶优选还会择机开设线下体验店，并打造自己的供应链。未来，大茶优选将继续响应国家“大众创业、万众创新”的号召，促进“一带一路”沿线国家农产品大流通。

三、物流配送的模式选择

（一）现代物流与农产品电商

近几年农产品电商呈爆发式增长之势，据《2014—2015中国农产品电子商务发展报告》显示，目前我国已经有 4000 家左右农产品电商，但只有 1% 处于盈利状态，4% 基本保持盈亏平衡，其余 95% 全都处于亏损状态。

一位长期从事红薯销售的经纪人表示，他每天通过网络销售的红薯有 750 千克，相比于几年前已经翻了一番，但是他每天通过在线下市场销售的红薯已经超过了 5000 千克。与线下销售相比，线上销售的比例仍然很低。造成这一现象的原因是线上销售要加上物流成本，售价会比线下高出 4 倍左右。这位经纪人所面临的问题也是很多农产品商户面临的困难，对于多数农产品商户来说，线上销售只是增加了他们销售商品的一个渠道，线下销售才是主流。

因此，想要解决农产品电商物流成本过高的问题，必须大力发展现代物流。现代物流是将物流活动的储运、装卸等各个环节集成的一种新型物流方式，其目的是降低物流成本、提高综合经济效益和运输效率。农产品电商与现代物流可以实现相互配合、共同协作。

（二）电商物流系统的模式

目前主要的物流模式可以分为以下 3 种。

（1）自营物流　自营物流就是电商企业通过成立自己全权管理的物流公司等方式，对企业内部的物流信息、仓储、运输、装卸搬运等活动进行统一计划协调。目前自营物流模式有两种情形：一种是具备一定资金实力且自身承担较大规模物流任务的 B2C 电商公司，如京东商城；另一种是企业本身是大型的终端零售商，在企业运作过程中已经具备一定的 B2B 物流配送基础，它只需要把原本的 B2B 向 B2C 扩展，就可以实现向 B2C 业务的转型，如苏宁易购。

（2）第三方物流　第三方物流是电商企业将自身的物流需求全部交给专业的物流企业（外包物流），淘宝上几乎所有的商家都是采用第三方物流模式。目前我国第三方物流服务提供商主要有“三通一达”（申通、中通、圆通、韵达）、顺丰、邮政速递等。阿里巴巴还联合“三通一达”等九家集团公司成立了物流联盟——菜鸟网络。在第三方物流的基础上，又衍生出了第四方物流、第五方物流等模式。第四方物流为第三方物流企业提供各类支持和咨询服务，而第五方物流又为第四方物流企业提供支持，同时它还开展物流行业专业人才培养的业务。

（3）物流一体化　这种模式实际上打通了从供应商到消费者的全链条，建立了供应商、物流企业、销售商、消费者的链式发展体系，这也是今后发展的一大趋势。目前大部分传统企业止步于最后一公里，而像沃尔玛等零售巨头已经可以实现一定距离内的送货到家。

（三）农产品电商物流系统案例

京东的物流体系就是自营物流的典型代表。京东物流在农产品电商领域积极进行布局，并率先在农业大省——山东省实现了京东物流全覆盖，并将“211 限时达”“次日达”“极速达”“夜间配”等服务完美地引入了农产品电商中，同时，根据农产品的特点提供生鲜冷链物流服务。数据显示，截至 2016 年上半年，京东在全国已经拥有 7 个物流中心、将近 250 个物流仓库以及近 7000 个配送站和自提点，可以实现对全国 80% 以上的区县的覆盖。京东将在全国 7 大物流中心的基础上，建设针对山东农产品市场的物流体系。预计在山东建设两座仓储物流中心，推动山东的优质农产品走向全国，让全国的“吃货们”可以在品尝山东美食的同时感受到京东物流的方便快捷。山东的仓储物流中心建成之后，依托华北地区和华东地区现有的仓储物流体系，生鲜类农产品有望实现“当日达”。

近年来，京东斥巨资建设生鲜冷链网络，既体现出了京东物流送货上门的特色，又破解了传统农产品运输过程损耗大、不能送货上门的难题。2016年，京东已经在全国10个特大型城市分别建设了技术领先的多温层冷库，辐射近70个大中型城市，并购入多温层运输车，为超过1000种生鲜农产品、近30个城市的消费者提供了“当日达”服务。同时，京东不断提高技术研发水平，充分利用云计算、大数据、物联网等新一代信息技术提高冷链智能化水平，进一步减少能耗，并通过无线射频技术实现对农产品流通的全程跟踪。

京东搭建的京东到家平台为消费者提供商品限时上门服务。目前京东到家已经覆盖全国近20个城市，携手永辉超市、永旺超市、沃尔玛等零售企业的近4万家线下门店提供3公里内1小时限时送达服务。由于生鲜属于限时刚需消费，京东还开发了专门用于线下超市的手机APP，缩短了拣货时间，大大提高配送效率。依托京东线上平台，这些零售商还可以将其线下网点拓展至全国各地。同时京东还积极布局进口农产品，深入农产品原产地建立市场渠道。目前，京东已经可以做到一半以上的订单6小时内送达，90%的订单一天之内送达。这得益于京东技术及装备水平的不断提升，如智能仓储系统、物流机器人、高速包裹分拣线等。

四、O2O模式下的实体店铺

（一）农产品电商实体店铺的出现

O2O是将互联网与线下商机结合，在互联网上推动建立线下交易的通道，从而带动消费者进行更多的线下消费。O2O通常进行线上营销以吸引网络用户，通过商品打折、消费额满减、提供信息服务等方式激发网络用户的购买欲，促使他们成为线下商店的消费者。O2O实现了线下商品和服务的线上展示，消费者甚至足不出户就可以“逛街”，挑选自己需要的商品和服务，还可以使用网络支付。不仅方便快捷，还可以“货比三家”，因此 O2O 获得了快速发展。国内的 58 同城、大众点评都是 O2O 的先驱。

O2O 与 B2C、C2C（Customer to Customer）一样，都需要在线支付，但是通过 B2C、C2C 模式购买商品，还需要物流配合才能完成交易。O2O 模式可以为商家的线下店铺提供一种增加客流量的方式，同时消费者也多了一种发现商品和服务的途径。最初的 O2O 需要消费者在线上付款购买商品后再到线下的实体店中去消费，随着 O2O 的发展，饿了么、美团外卖等企业将“骑士”（配送员）引入 O2O 中，消费者在网上下单之后甚至不需要再去实体店，可以在家坐等“骑士”们将商品送达。

传统的农产品流通已经建立了完善的流通渠道，这些渠道几乎可以深入到每一个农户的田间地头。而农产品电子商务则可以利用 O2O 建立起一套“线上交易平台＋线下实体店＋流通渠道建设”的新流通体系。其中，线上交易平台实现了农产品市场信息的即时流通和交易的高效完成；线下实体店不仅可以作为销售窗口，还可以作为线上商品和服务的体验和展示窗口；建设流通渠道有助于实现线上和线下连接，以确保能够覆盖到相当程度的地域范围。

农产品电商的 O2O 模式中很大一部分交易是可以与本地农业企业合作的。农产品电商建立线上交易平台吸引顾客，线下实体店由本地农业企业负责，然后再引入配送员，实现商品“最后一公里”的送达。

（二）农产品电商实体店的优势

电商实体店的出现有以下几方面的原因。

（1）电商转型　电子商务近几年快速发展，市场已趋于饱和，消费者增长速度已经降到很低的水平，但是仍然有源源不断的商户进入这个领域，造成商品同质化严重，陷入价格战的恶性循环之中。开设实体店铺可以作为招揽客户的手段，为消费者提供实地体验的窗口，从而可以为线上销售增加潜在客户。

（2）增加消费场景　网购不能满足消费者对农产品的所有需求，个人仍然有外出购买农产品的需要。这么一块巨大的“蛋糕”，农产品电商企业当然也想进来分一块，因此就以线上店铺为基础向线下延伸，形成线上为主、线下为辅的发展格局，相当于无形之中又获得了额外的市场份额。农产品的消费者与生产者直接交易，省去了中介的交易成本和多次流通的成本。O2O 去中介化的特点使它未来必定会成为农产品电商竞相转型的一大趋势。

（3）市场蓝海　虽然电商的线上市场趋于饱和，但这主要是针对一、二线城市，在三、四线城市和农村，还是有渠道下沉的可能。要想实现渠道下沉，农产品的实体店往往能取得比较好的效果，而这一块目前还是市场蓝海。

（4）与冷链物流的协同发展　农产品电商必须要依靠冷链物流才能提供优质的产品。在 O2O 模式下，冷链物流迎来了更大的市场。以前服务的对象主要是大型生鲜电商平台，现在已经扩展到了三、四线城市的小型生鲜企业或者农村居民。同时，冷链物流水平的提高，可以让生鲜产品获得更长的保质期，为小城市和农村的商户进入电商市场提供可能。

无论如何，实体店都不会轻易消失，所以农产品电商去拥抱实体店是十分明智的。实体店从普通的摊点、门店到旗舰店再到体验店，形式正在不断丰富，给消费者带来的体验也更加周到。O2O 正在发挥它的优势，将电商带往线下，推动与实体店的紧密结合。

（三）农产品电商实体店案例

【案例一】

京东在生鲜农产品电商实体店方面的发展策略主要是走“接地气”的路线。与引入沱沱工社、顺丰优选等国内知名生鲜电商企业开设专营店的高端路线不同，京东选择与线下农产品摊点合作。消费者在线上选择好商品之后，可以到线下网点自提或者选择送货上门。线上下单自提可以节省挑选的时间，而送货上门会利用京东强大的物流系统，将购买的商品在很短的时间内送到消费者手中，解决了部分消费者急需某些商品却又无法脱身去购买的难题，有消费者反映说自己最快十几分钟就收到了商品。

【案例二】

“好想你”作为全国知名的红枣品牌，起初是以线下连锁店的方式发展起来的。2012 年“好想你”开始在电商布局，专门成立了负责电子商务的部门。2013 年“好想你”的网络销售额近 1 亿元，成为无可争议的同行业第一。2014 年，“好想你”开始在 O2O 领域发力，将“好想你”线下门店与网络官方旗舰店深度结合。以前“好想你”要想方设法吸引消费者进店购买产品，现在通过“1∶1 复制”的方式，确保线上线下各销售渠道的商品种类一致，为消费者带来线上购买、线下退换货的购物新体验。

【案例三】

2015 年成立的“谷登农批网”是一个以农产品批发市场为中心、以线上交易为重点的专业农产品综合电商平台，主要为用户提供农产品的信息、交易和物流等方面的专业服务。目前，我国农产品批发市场存货增长速度较快，如果物流跟不上，最直接的影响就是加大了农产品的损耗，削弱了农产品的市场竞争力。面对这样的难题，谷登农批网提出了以“平台+内容+电商+服务”为模式的 O2O 产业链条，通过提供精准的买家和卖家信息，打通农业产业链上、中、下游，将小农户和大市场紧紧地连接在一起，解决了专业农民经纪人匮乏和市场信息不对称的问题。用户可以找到全国很多大型农批市场的商铺和产品信息，大大提高了农产品的流通效率，降低了流通成本。

【案例四】

大茶网于2013年正式上线，是国内第一家涉茶类的O2O商城。大茶网采用经典的“网上交易平台＋线下实体店”的模式，消费者可以选择线上下单也可以直接到实体店购买，商户可以选择把商品挂在平台上，同时也不会影响线下销售，给消费者、商户都提供了双重选择。茶叶作为一种体验性产品，直接的视觉和味觉体验才能更好地促进消费。通过建立线下实体店，消费者可以直接体验，无形之中增加了消费欲望。大茶网上线两年平台销售产品2000余款，同时线下已经布局了近1000家体验店。2015年“双十一”购物节，大茶网全渠道销售额突破3500万元，成为茶类电商第一平台。

第三章 农产品网店运营方法与技巧

一、农产品电商的商品选择

（一）怎样进行商品选择

农产品与其他商品相比，具有产量少、个性化明显等特色。即使是同一个产地的农产品，味道、外形上也会有差异。农产品电商网上开店需要解决的第一个问题是“卖什么农产品”。我国自然资源丰富，各个地区都有自己的地方性、标志性农产品。网店经营者一般也倾向于销售具有当地特色的优质农产品，一是产品货源问题容易解决，经营者熟悉了解当地的农产品产业链，在辨识农产品品种、品质等方面有着优势；二是容易获得消费者的信任，目前大部分消费者都追求纯天然、无公害的农产品，对供货源在产地的农产品有着较高的信任感。农产品电商的从业者需要在广泛地了解自己可选商品种类的基础上，认清这些农产品的特色与优势，从而选择自己要售卖的产品。

农产品特别是生鲜产品，其季节性、时令性较强，如荔枝、樱桃均集中在每年 3～6 月上市，获得短暂的销售旺季后，其他时间就会出现空档。在这种情况下，经营者可以选择多个种类的农产品，根据农产品的上市时间来调整自己的销售品种，互为补充，如春季的樱桃，夏季的杧（芒）果，冬季的甜橙、青枣等；

也可以销售一些能长时间储藏的农产品，如干果、干菌等，既能一直保持网店的销售货源，也能满足不同消费群体的消费需求，以便能够连续性、长期性地积攒客户资源。

（二）农产品电商商品选择案例

【案例一】

河南省卢氏县的七旬老人孙××，是一亩田平台上签约的年纪最大的用户，他有着多年销售农产品的经验。最初他因家庭负担较重而选择下海经商——售卖家乡的特产卢氏黑木耳。卢氏黑木耳是当地的地标性农产品，口感好、外表佳、营养丰富，深受消费者的喜爱。随着销售经验的丰富，他逐渐意识到农产品在一个地区出现滞销的时候，在另一个地区可能存在较大的销售空间；或是在产地因产量较多，价格低廉，在其他地区则可能卖到高价。在那之后，他开始调整自己的销售策略，在全国范围内进行农产品销售，并且通过一亩田及时了解各地农产品的供求及市场行情信息。比如把河南的苹果售卖到重庆，通过把农产品从资源丰富的地区运到资源紧缺的地区进行销售，赚取其中的差价而获得利润。

【案例二】

石家庄经济学院的一名大学生许×，开设了微信水果店“优鲜果妮”。创业初期他了解到几乎所有女生每天都有吃水果的习惯，而且学校女生人数众多，因此水果在学校有着较大的市场，客源丰富。于是他开设了一家专门销售各种新鲜水果的网店。在销售初期，他和伙伴主要通过派发大量的宣传单来增大宣传力度、添加微信好友来增加潜在客户。他知道自己的目标顾客是女大学生，故既提供物美价廉的日常水果，也提供价格偏高的高端水果。同时，为了增加自己的销售量，吸引顾客的注意力，网店除了会在每年特定的考研时间推送各种水果套餐，也会针对不同消费群体设计相应的套餐，如情侣套餐。

【案例三】

张××，石家庄市城郎村人，2016年年初辞掉工作回到家乡开农产品网店。在选择经营何种产品时，她发现农户在种植农作物的各个环节中，化肥是必不可少的农用物资，而且农户普遍都希望能买到质量好、价格低的肥料。于是，她与其合伙人通过网络订购销售化肥，仅仅一天，就成功订出化肥800吨，销售额达到203万元。不仅解决了当地农户购买化肥困难的问题，而且也成功推销了自己的网店，与当地农户建立起了良好的客户关系。之后，他们将一些电商平台上的商品摆放在一个合伙人的实体店中，使村民们能够直接在店中选购商品。随着村民收入水平的提高、消费观念的转变，网店除了售卖化肥等农资产品，也开始提供一些家用电器。通过这种销售方式，网店店主和农户都能受益。

【案例四】

江西瑞金市壬田镇凤岗村的廖姓老人擅长腌制咸鸭蛋，“廖奶奶咸鸭蛋”远近闻名。在廖奶奶的家乡，土鸭生长条件较好，鸭蛋含有丰富的营养，廖奶奶经常制作咸鸭蛋售卖以改善家里的生活条件。随着农产品电商的兴起，廖奶奶也开始在网上售卖咸鸭蛋，因产品质优且味道鲜美，深受消费者的喜爱，咸鸭蛋供不应求。在瑞金邮政分公司工作人员的帮助下，廖奶奶成立了专业合作社，覆盖了养鸭到制作咸鸭蛋整个流程，并且与电商平台相结合进行售卖。电商平台的建立有效地提高了“廖奶奶咸鸭蛋”的销售业绩，解决了当地贫困村民的就业问题。通过售卖咸鸭蛋产生了一定的品牌效应，随后开始将当地的茶油、脐橙等特色农产品也推上网络平台销售，并且都获得了不错的销量。

二、农产品电商的商品上架

（一）怎样进行商品上架

为了更好地展现农产品的特色与优点来吸引顾客，经营者需要详细地将农产品的信息，如产地、名称、价格等列出来，这是农产品上架时应该完成的工作。顾客对农产品的第一印象是通过网店上传的图片形成的，因此需要尽可能地提供高质量、高清晰度的图片。

（二）农产品电商商品上架案例

对于农产品电商企业来说，"天猫 618" 年中大促销是除了"双十一" 以外的一个重要促销时机。清远市电商企业天农在 6 月 18 日当天占据天猫禽蛋类成交量及销售金额榜首。而首次参与大型电商促销的林中宝等企业也表示销售量较平时增长 2～6 倍。

据天农食品电子商务有限公司总经理介绍，公司在商品的展示页特别对品种选育、种鸡养殖和种蛋孵化、绿色饲料生产、鸡饲养管理等环节进行了详细介绍，增强了消费者对产品"绿色、安全、健康"的认知，还对电商产品的包装进行了升级改造，比如，土鸡蛋的包装增加了透气与防破损的特性。于开售前 5 分钟就卖出 2000 余件土鸡蛋，超过 60000 枚。根据后台数据统计，在 6 月 18 日当天，天农旗舰店全店订单数 7872 个，其中土鸡蛋共销售 13091 件，共 392730 枚。

首次参加"天猫 618"促销活动的林中宝和豪爽品牌也收获颇丰。其中林中宝在本次促销中上线了菇类、木耳等农产品和灵芝茶等保健品。林中宝对自己上架的农产品定义为机能因子型保健食品，并通过自己创办的一个逾千亩山地的"世外桃源生态种植基地"为消费者展示了无污染的生态链。林中宝电商部负责人介绍，2017年“天猫618”销售期间，销量比2016年同期增长了2.57倍。

三、农产品电商的店铺运营

（一）怎样开展店铺运营

网上开店的经营方式主要有3种。

（1）线上开店与线下开店相结合的经营方式　这种网店因为有线下店铺的支持，在商品价位、销售技巧方面都更高一筹，也容易获得消费者的认可与信任。

（2）全职经营网店　经营者将全部的精力都投入到网店的经营上，将线上开店作为自己的全部工作，将网店的收入作为个人收入的主要来源。

（3）兼职经营网店　经营者将经营网店作为自己的副业，比如现在许多在校大学生利用课余时间经营网店，也有一些职场人员利用职业的有利条件开设网店以增加收入。应该根据个人实际情况，选择一种适合自己的经营方式。

（二）农产品电商店铺运营案例

淘实惠致力于将农产品电商渗透到县、乡、村三级，构建“县域自生态”模式。它的运营模式是在每个县域都设有一个运营中心，形成一个完整的O2O平台，以协调整个县域的商品双向流通（商品从城市流向农村，或从农村流向城市），以及各县域之间的商品交叉流通。

佘××，湖南桃源人，是淘实惠网店的老板。每年水蜜桃大量上市时期，当地市场价格较低，而且由于水蜜桃不易存储，销售时间较短，如果不能及时卖出去，将会造成水蜜桃腐坏变质。当地村民对这个问题很是苦恼，佘大姐联系了淘实惠桃源县运营中心，通过淘实惠网络平台，成功地接到了来自全国各地的订单。依靠完善的物流系统，桃农直接在家就可以完成水蜜桃的包装、发货流程，只要是淘实惠覆盖的县域，消费者收货也不再受地域限制，有效地解决了“最后一公里”的问题。

2017 年，淘实惠拟设立县级服务中心 1000 个、村级服务站 300000 个；2018 年拟计划将村级服务站的数量增加到 500000 个。淘实惠的运营模式是把县内传统产业从线下转移到线上，适时地解决当地居民卖难与买难的问题，依托电商平台有效地推动了县域经济的发展。

四、农产品电商的店铺营销

（一）店铺营销的策略

店铺营销是农产品店商为了加强在消费者心中的知名度，更好地满足消费者需求，利用互联网技术对自己的电商店铺进行宣传推广的活动。它是营销活动过程中的一个重要组成部分。农产品电商店铺的网络营销被称为“鼠标 + 大白菜”式营销，是指利用互联网开展农产品营销活动，包括农产品价格与供求信息收集和发布、网上宣传与促销、交易洽谈、付款结算等活动，最终依托农产品基地和物流配送系统，实现农产品个人与组织的交易活动。

（二）农产品电商店铺营销案例

【案例一】

天绿商城，是宜兴天绿优质农产品营销公司开设的 B2C 平台。宜兴市的农业发展较好，有农产品种植户、养殖户、农产品加工企业以及规模基地。为有效地解决宜兴市农产品的销售问题，促进经济发展，天绿商城应运而生，为全市的特色优质农产品提供交易平台，加速订单的达成。

天绿商城在线下开有实体店，采取直销、分销相结合的营销模式，旨在将宜兴“天绿”特色农产品推向全国消费者。除此之外，公司还在天猫网络平台上注册开设了一个旗舰店，以通过平台较大的顾客流动量来增强对“天绿”品牌的认知度。依靠网络平台的宣传，结合《无锡日报》《宜兴日报》等多家媒体的广泛报道，让“天绿”品牌被大家熟知。

除了品牌营销，天绿商城及旗舰店也注重店铺营销。每到节假日期间，店铺都会推出相应的节日活动，如中秋期间，推出“迎中秋、庆国庆，天绿商城秒杀优惠大促销”活动，针对节假日提供各种特色农产品组合包裹，以礼盒包装的形式迎合节日的气氛；对部分产品进行低价促销，或者是采取“满额赠送”的形式，选择小额农产品作为礼品赠送。这些网络营销活动在一定程度上增加了交易量。

【案例二】

本来生活网的运营模式是通过发现产品背后蕴含的精神，运用网络媒体对其进行宣传，以畅销产品来提升自己平台的品牌效应；明确平台的目标客户群，选择对其有影响力的人物，让他们参与到其中来进行产品宣传；结合时事热点采取个性化的包装设计，以引起消费者的体验共鸣。

2012年，昔日的“烟草大王”褚时健与本来生活网开始合作，售卖冰糖橙，仅一天的销量就高达7吨多。褚时健的二次创业起初并不顺利，他之前给橙子取名为“云冠”，但由于没有品牌效应，销量并不理想，后来在妻子的建议下，直接取名为“褚时健种的冰糖橙”，橙子一售而空，“褚橙”品牌也因此而传开。

本来生活网利用“褚橙”这一爆款产品，在2013年对“80后”消费者开始进行推销，以提升自己的品牌效应。首先，结合褚时健的自身故事，将广告语定为“人生总有起落，精神终可传承”；其次，在考虑年轻人可能不了解背后故事的情况下，本来生活网邀请了韩寒、蒋方舟对“褚橙”的精神进行传播，引起了“80后”圈子效应；最后，在宣传与包装产品的同时，也注重保留与“本来生活”这个网络平台的捆绑推销。后来，本来生活网很快在目标人群中打响了自己的名气。

五、农产品电商的品牌建设

（一）品牌建设的策略

品牌，对农产品而言是一个名字，对店铺而言是一张名片，是消费者用来区分店铺、农产品的直接依据，好的品牌可以在无形中增加农产品的价值。品牌是农产品经营者的无形资产，一旦店铺品牌建设成功，被普通大众熟知并认可，店铺上销售的各类农产品都可以借助品牌效应来提升其在市场中的竞争力，获得品牌竞争优势。对于电商销售的各类农产品，消费者因不能直接接触产品本身而无法判断其品质，仅从外表很难分辨出农产品的好坏，此时，消费者普遍偏向选取品牌标志成功的农产品，这就是品牌效应所发挥的作用。品牌战略在一定程度上增加了同类农产品之间的产品差异性，是经营者追求利润、市场占有率的一种可靠手段。

目前，市场上的农产品品牌普遍存在名称过于简单、附加值偏低等问题。品牌的打造离不开企业的宣传与营销。首先，应该明确品牌的定位，能够直接展现店铺以及农产品的自身优势与特点，让消费者一目了然；其次，塑造品牌的形象，对品牌所赋予的象征意义、价值观念予以体现；最后，宣传品牌，扩大影响力。品牌的建设离不开广泛的宣传，只有宣传力度够大、范围够广，品牌才有可能有目标市场。同时，农产品的品牌建设还需要考虑文化因素，如果能深入挖掘农产品背后的文化故事，无疑会大大提高农产品品牌建设成功的可能性。农产品的品牌名称也需要有一定的寓意，结合它的历史发展赋予品牌深意，构筑品牌故事，以全面提升品牌的影响力。

（二）农产品电商品牌建设案例

【案例一】

河北省清河县作为“中国纺织名城”“世界羊绒之都”，羊绒是当地的特色优质产品。羊绒产业在清河属于专业型市场，有着较为完整的产业链。随着产业技术的发展，当地企业开始尝试产业转型升级，即从原来的初加工产业转型为深加工产业，生产羊绒制品。电商时代的到来为这个转型带来契机，但是在转型过程中清河羊绒制品的品牌影响力较弱的问题随之显现出来。由于清河羊绒制品之间差异性较小，同质化现象较为严重，且同行之间缺乏明显的竞争优势，也就无法避免价格战，从而影响了整体品牌效应。商家通过网络平台可以直接与消费者接触，因此如何运用线上线下销售模式建设品牌成为急需解决的问题。

为了推动清河羊绒建立自己的品牌，清河羊绒的经营者在天猫、淘宝等第三方网络平台上开设店铺，并且参与各种网络营销活动，致力于全力提升“清河羊绒”的知名度，吸引全国各地的采购商进行采购，以较大的市场需求带动品牌建设。同时，政府通过建立奖励机制来鼓励各品牌商的发展，大力扶持已有一定知名度的品牌的建设，也注重引进专业型人才，并且着力建设打造区域品牌。2014 年，“清河羊绒”这一品牌由清河市场管委会成功登记注册，以整体区域性品牌效应带动了其他商家品牌的建设。

【案例二】

长春松花江大米，是吉林省的一张“白金名片”，也是长春市农产品电子商务交易平台的一个特色农产品品种。“长春松花江”这一品牌建设可谓十分成功，它登陆电商平台之后，将线上线下交易结合起来，全国订单接踵而来。为此，商家还特意设计了便于网络销售的小包装，进一步打开了“长春松花江”这一大米品牌的市场。

长春松花江大米品牌的成功建设，来源于政府和企业的共同努力。首先，对长春松花江大米的品牌定义明确，包括生产产地、品质认定等；其次，尽可能挖掘农产品背后隐藏的文化渊源，如“皇粮碑”的发现奠定了长春松花江大米的“贡米”地位；再次，积极进行产品推销，在全国范围内通过多次参加农产品展销会主动地推销大米；最后，借助社会各界媒体平台，如微信、微博、网络、报纸等，大力宣传品牌，加深消费者对品牌的印象，让“长春松花江”这一大米品牌被消费者认可。

【案例三】

“丝路晨光”网店依靠“品牌产地”理念来选择所销售的商品。2016 年，晨光生物科技集团公司推出了“丝路晨光”品牌食用油系列，其中销售的葡萄籽油、红花籽油、西红柿籽油等 3 种产品的原料均来自新疆，特别是红花籽油，是采自“红花之乡”——新疆塔城的红花籽提炼而成的。

“丝路晨光”，其中“丝路”二字能让人们自然联想到新疆，而新疆这一产地一直给消费者留下的是“纯天然、健康、无污染”的印象，其产地的优势可以使该农产品在同行竞争中脱颖而出。“丝路晨光”这一品牌，既在沿袭原品牌名称的基础上突出了该系列产品的产地优势，又给消费者传递了一种异域风情的文化气息，以及健康营养的产品形象，让产品价值得到完美的体现。

六、完善农产品电商客户服务

（一）如何完善客户服务

客户服务对农产品电商网上开店来说至关重要，既要帮助消费者解决农产品购买前、购买时的问题，也要解决交易完成后遇到的各种问题。客户服务一般包括帮助中心、在线客服、售后客服等。其中，帮助中心可以对消费者在购买过程中经常遇到的问题予以解答，比如提供购物指南、购物流程、订单查询、会员的积分制度等；在线客服就是当消费者在购买过程中，对农产品某些方面存在疑问时，商家应及时提供解答；售后客服主要是在订单完成后，消费者对农产品不满意并且有退货或者换货的想法时，店铺需要提供详细的退换货政策、流程以及其他说明。

随着互联网技术的快速发展及人们消费方式的转变，农产品电商发展迅速，网上同类竞争性农产品较多，注重细节是经营者在同行竞争中占据一席之地的有力法宝。在购买过程中，当消费者进入在线客服界面时，客服应主动询问消费者需要什么帮助，耐心回答各种问题，对其提出的各项问题应及时予以解决，对于那些经常会被问到的问题，可以设置答案自动回复，以提供高效的服务。新开设的网店，可以通过给消费者小额优惠券等方法，提高消费者的好评率。此外，经营者需要及时整理消费者资料，特别是多次购买产品的会员或者有再次购买意愿的潜在会员，在店铺有促销活动或节假日期间，向会员推送优惠短信，在给他们分享店铺消息的同时，也增加了他们的关注度与再次购买的可能性。

当订单完成后，怎样把农产品完整无缺地送到购买者手中也是完善客户服务的重要一步。经营者需要联系可靠的物流公司，由于农产品不同于其他商品，不同的农产品要采取不同的运输策略。比如，生鲜产品易腐坏、变质，需要采取低温配送方式；菌类等干货在运输过程中容易被压碎，需要用泡沫等防震抗压的包装；鸡蛋容易撞坏破损，需要用特制的蛋托。如果农产品在运输过程中出现损坏，不但影响消费者的购买评价，而且会增加经营者的售后处理难度，并造成经济损失。

总的来说，完善的客户服务可以提高顾客对店铺的满意度，促成交易的成功，也在一定程度上增加顾客再次购买的概率。良好的购物体验能让顾客变成店铺的销售员，除了顾客自己会有二次购买的行为，还会对外宣传产品与店铺，扩大店铺的影响力。

（二）完善农产品电商客户服务案例

【案例一】

某樱桃电商在销售期开始之前就对自己的分销商做了6场预售培训，并将培训内容、会议记录等全部资料整理分发给分销商。从带领分销商认识樱桃品种、介绍上市时间，到了解产品卖点和缺点、避免过度宣传，培训内容可谓面面俱到，为的就是把自己的商品全面地介绍给消费者。另外，商家销售的樱桃采用的是泡沫箱加保鲜袋的运输方式，而樱桃又是易腐坏水果，在运输过程中不可避免地会出现腐坏现象，加之订单量大，很容易出现漏单的情况。针对烂果和漏单，该电商做出了全部补发的售后处理决定，预估将会面临30万～50万元的售后赔偿额。但是即便如此，该电商也欣然接受，因为良好的消费者体验才是电商长久经营的资本。

【案例二】

会员制模式是农产品电商的一种新兴模式。设置会员准入门槛可以集中电商手中的优势资源，在选品、配送、售后等方面为会员提供更高质量的服务。优食管家作为一家基于社群全渠道全球品质食材直供的运营平台，从原有的开放式购买转型为准入式会员购买，设置了四档会员门槛，分别是免费使用会员、99 元 / 年的普通会员、199 元 / 年的超级会员和 699 元 / 年的企业会员，每档会员也在运费、积分、退换货、试吃、采摘等方面享有不同的会员权益。优食管家提供能够满足会员需求的商品、独家商品以及配套服务，让会员心甘情愿付出会员费，同时通过分析不同会员的核心需求，进一步提供有针对性的服务，不断提升客户体验。

第四章 农产品网店经营管理之道

一、什么是市场调查

（一）市场调查的含义

农产品市场调查就是运用科学的方法，有目的、有步骤地搜集、记录、整理、传递和分析农产品相关的竞争信息、价格信息及供求信息，是为市场参与者制定相关政策、预测市场走势、作出生产经营决策和制订计划提供重要依据的过程。对广大农户而言，简单的市场调查主要是为了获得农产品市场上粮食、蔬菜、水果、肉、蛋、奶、水产品及油类等的价格和供求信息。

我国农产品资源丰富、品种多样，具有较强的季节性，且大量新品种不断涌现，因其品质和生物特性的不同，消费者的需求也有所不同。因此，对于广大农户来说，如果能够获得准确的农产品市场信息，就能够判断产品的价格走势和供求趋势，为自己的合理生产销售找到依据。

（二）市场调查的流程

1. 市场调查的一般过程

农产品市场调查内容众多，根据农产品生产经营者的目的及经营决策的需要，可将调查内容分为市场环境及行情调查、农产品供需现状调查和销售渠道通畅与否的调查。在明确市场调查内容的基础上，制订完善的调查计划，进一步提高调查工作的效率和质量。一般的农产品市场调查可分为5个步骤：

（1）调查准备工作　根据调查对象的情况、调查过程中将可能涉及的范围和想要达到的目标等情况来制定人员配备。

（2）制订完善的调查计划　对调查目的及对象的确定、调查项目的拟定、调查方法的选择、调查问卷的设计以及调查样本的抽取。

（3）数据采集　深入农产品市场，按照制订的计划进行实地调研，对搜集的数据进行审核、编码、分类、汇总及录入。

（4）资料的分析整理　对搜集到的资料准确性进行审查，分类编写并对结果进行分析。

（5）写调查报告。

2. 市场调查的方法

有关农产品市场调查的方法有很多，本文主要选取以下4种方法进行简述。

（1）访问调查法　通过口头、电话以及书面等方式对被调查者情况进行统计。根据调查者与被调查者接触方式的不同，可进一步细分为面谈法、德尔菲法、邮寄法和电话法。①面谈法：调查者根据事先准备的资料当面询问被调查者。可与被调查者直接接触，获得第一手资料，但会耗费大量的人力、物力资源，且受调查人员心理素质、心理承受能力等不可控因素影响较大。②德尔菲法：调查题目确定后挑选若干名专家制定调查表。专家组对有关材料进行多次讨论后，确定调查内容并制成调查表。根据专家意见及调查结果进行定量分析。③邮寄法：调查人员将设计好的调查表以邮寄的方式寄到被调查人手中，被调查人填好后寄回。此方法可扩大调查区域，且成本较低，但邮件收回率不高，填写内容可能不全。④电话法：调查人员采用电话询问的方式搜集资料。此法搜集时间短、速度快、成本低，但询问内容过于简单，且大多被调查者不愿配合。

（2）观察法 与面谈法不同，观察法不是直接向被调查者提出问题，而是凭借调查人员的观察或利用照相机、录音笔等工具，通过对被调查者情况的考察和记录，获得有效信息的一种方法。此方法可比较客观地获得第一手资料，调查结果也更接近实际情况，但只能反映事实发生的经过，无法说明起因和动机。

（3）实验法 在限定条件下，通过试验对比，对市场经济中某些因素的因果关系及其发展和变化过程进行分析的一种方法。其优点是可消除主观估计的偏差，可控地分析某些市场变量之间的因果关系，但往往花费时间较长，成本较高。

（4）互联网搜索法 在互联网上有针对性地搜索所需信息的一种方法。互联网不仅涉及面广，且信息多样，所需信息易于搜集，但对搜集者的文化程度有一定的要求，并能对繁多的信息有挑选能力。

（三）案例介绍

农产品市场调查方法多样，调查者应根据调查内容选择适合的方法进行统计，得出所需结论，以下举几个将农产品调查方法运用到市场调查中的现实案例。

【案例一】

山东省聊城市的农户想根据市场上的交易情况来决定下一年的农产品播种及养殖情况，就是利用农产品市场调查中的观察法对城市集贸市场中农产品的上市量、成交量以及成交价格等进行观察，进而得出交易量大、成交价格相对合理的农产品种植和养殖种类。

【案例二】

辽宁省沈阳市康师傅饮品企业研发出新产品或将老产品的

包装盒市场价格调整后，想知道新产品上市后是否会受到消费者喜爱、销量是否会大大提高或将老产品重新包装后是否会促进消费，就可以采用农产品市场调查方法中的实验调查法，先进行新产品或改良商品的小范围推广实验，分析该商品促销是否值得大规模、大范围推广和宣传，以此来了解市场对商品的需求量以及新商品在市场中的适用性。

【案例三】

山东省德州市夏津县的米客公司自成立之日起，就致力于搭建一个综合性的购物平台，但实际效果并不理想。因此，米客公司打算将重心从城市转移到农村，借助米客商城网站的资源，串起成百上千的农村小店。后来公司组织调研小队挨家挨户地访问农村小店店主及当地农户的消费需求，通过访问调查深入了解农村消费市场情况。此后，在原先米客商城的基础上，开发出新型网上订货系统运用于农村零售市场，扭转了先前企业创建失败的局面。

二、怎样进行众筹融资

（一）关于众筹融资

1. 什么是众筹融资

众筹融资即大众筹资，是指众筹项目的发起者利用互联网平台向公众筹集资金的一种模式。跟投者选择自己喜欢的项目后进行小额投资，并在项目成功后获得一定程度的回报和奖励，主要由发起者、众筹项目、跟投者、众筹平台四个要素构成（图 4–1）。

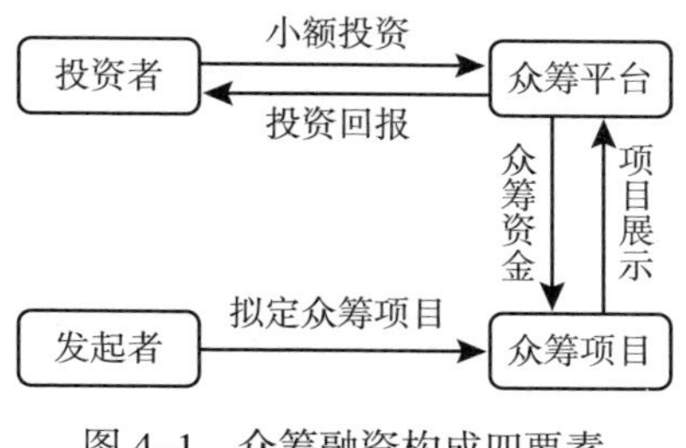

图 4-1 众筹融资构成四要素

众筹不仅是一种投资行为，还是资金、认知和社会各界精英各尽其能，互相提升价值的实际操作过程。其盈利点也是多元化的，除金钱收益外，还包括人脉、资源、经验交流等。众筹的本质不在于筹钱，而在于筹人、筹智和筹力。

2. 众筹融资项目如何上线

发起者在众筹平台发起众筹之前，需要对农产品进行产品定位，完成定位以后就可按照项目的上线流程进行上线。众筹结束后，发起者要在事先规定的时间内对投资者给予项目回报。

首先，找准农产品在市场上的定位是众筹项目上线前的首要任务。发起者需要权衡诸多方面因素才能得到最终结论，比如与调查的农产品相关的市场信息及产品销售情况、众筹中可能遇到的问题以及项目所涉及方面的考察等。完成农产品定位后，就可以对其进行立项。

其次，是农产品众筹项目的上线流程。主要分为 6 个方面：众筹平台的选择、项目名称的确定、项目内容的具体介绍、众筹结束后项目的汇报档次、众筹平台的审核以及后期项目相关管理办法的实施。不同类型的农产品众筹项目的上线流程大致相同，但在实际应用中，如何策划整个项目的实施、进而突出产品的卖点才是重中之重。

最后，是农产品众筹项目的回报。根据回报形式的不同可分为实物回报和服务回报。

3. 众筹融资的必要性

与传统的融资方式相比，众筹融资通过互联网平台获得集资的方法更加先进开放。长期以来，农业企业在资金供求上一直处于非平衡状态，而农产品众筹融资模式刚好有助于解决我国中小企业融资难的问题。例如，刚毕业的大学生想回家乡创建农场，并且对农场未来的运营模式、资源管理等有较为成熟的计划，不但拥有好的想法、技术和品种，还有信心让农场盈利，但缺乏启动资金是限制他将想法付诸行动的第一因素。这个时候，他就可以通过众筹融资的方式获得资金赞助，然后按部就班实施自己的计划，完成创业梦想。众筹融资为现在想创业但又缺乏项目启动资金的年轻人提供了解决办法，也为更多小本经营者和自主创业的人提供了更多的可能。

（二）农产品众筹融资分类

农产品众筹融资的模式与大多数行业不同，其根据实际内容、面向对象及形式状态的不同，分为种植类农产品、养殖类农产品、休闲农业类农产品等 3 种具有不同特点的农产品众筹类型。

1. 种植类农产品

种植类农产品的众筹模式主要表现在像大米、土豆、水果等种植方面，众筹项目占比较大。项目策划方面主要分为 3 个部分，分别是众筹起因、宣传模式和众筹汇报。下面以众筹网上“富硒认证山东红薯、天然富硒沙土土壤种植、养生的好红薯”为例，按照项目策划的 3 个方面进行介绍。

（1）众筹起因　发起者首先简述项目发起的原因和目的。该项目的众筹原因是“90 后”大学生自小喜欢吃家乡的地瓜，但在外地求学期间吃到的地瓜与家乡的相比相差甚远。因此，萌生了想要借助互联网平台将家乡的美味推广到全国各地的想法。

（2）宣传模式　众筹产品的宣传主要围绕丰富的图片和内容介绍开展，让大众对项目产生兴趣，了解项目优势。山东红薯众筹项目中通过对种植环境和产品自身优点进行包装设计，充分展现出山东红薯的优势。宣传内容有：地理位置、土地肥沃等优势；日照时间充足；杜绝化肥、农药，无污染、纯天然等。通过全方位的宣传吸引大众眼球，让大众认为该项目切实可行，进而达到众筹的目的。

（3）众筹回报　众筹项目最能吸引投资者的就是投资以后该项目能够给他们带来的回报。发起者需要经过认真的调查和思考，确定不同层次的回报等级，以达到双赢的结果。该项目众筹回报分四个等级：第一级，支持 1 元可获得原生态小米 0.5 千克；第二级，支持 39 元可获得富硒红薯 2.5 千克；第三级，支持 69 元可获得富硒红薯 5 千克；第四级，支持 199 元可获得富硒红薯 15 千克，另赠送原生态小米 0.5 千克。

2. 养殖类农产品

养殖类农产品众筹融资方式与种植类有些相似。然而由于受行业特色的限制，养殖类众筹项目与种植类仍有两方面不同，分别是众筹项目名称和产品真实证明。其中，关于众筹项目名称，养殖类众筹与地域紧密相连，大部分项目名称中均有所在地域和产品名称，如“来自石臼湖的大闸蟹”“珠峰下的藏鸡蛋——蕴自然神奇，含藏地传奇”“游鸡寨生态散养土鸡蛋，来自大自然的馈赠”等；关于产品真实证明，食品安全问题一直是人们关注的热点，所以大众对项目的真实性十分看重。因此在养殖领域，提供产品真实性证明是十分必要的。例如，养殖农场项目中可以就农场养殖方面提供动物防疫条件合格证、营业执照、税务登记证等相关证明来证实该项目的真实性和可靠性。

3. 休闲农业类农产品

休闲农业类农产品的众筹与其他两种类型差别较大，其中有两个方面较为突出，一是项目侧重点，二是项目回报。以项目“我有小农场，你来种大白菜吗”为例，整个项目内容以此为中心点展开叙述，如表 4–1 所示，该项目将活动内容分为准备、种植、收割三个阶段，并根据不同的阶段有目的的为孩子们安排相应的活动内容，使孩子们能够在种植中学到知识，并将书本的知识落实于实际。项目回报方面，休闲农业类众筹融资项目的回报设置与其他类众筹项目不同，在这个项目中，回报主要以相关产品和服务为卖点，吸引支持者投资此项目。从该众筹项目的投资回报看，投资 50 元，给您邮寄一张孩子们种菜时的小明信片和一本孩子们种菜的小豆本画册；投资 100 元，可认领一块 1 平方米菜地，并为认领的菜地取名，另赠送一本小豆本画册，均是以与蔬菜种植相关产品及种植中提供的服务作为众筹回报来吸引投资者的。

表 4–1　项目介绍

项目阶段	活动内容	活动目的	活动负责人	备注
准备阶段	1. 老师根据各班级人数情况划分区域，并将所在区域的草除净 2. 有序组织孩子们上山寻找能够划分各班级区域和防止动物毁坏的材料	建立孩子对自己所在大棚的从属感	×××	
种植阶段	1. 周末组织孩子们开始种植蔬菜，包括：松土、撒种、施肥料等 2. 根据孩子们种植蔬菜的品种逐一为孩子们普及各类蔬菜的特性及营养知识，并制作小标签	让孩子们对蔬菜种植过程有个全方位的了解	×××	
收割阶段	1. 举办蔬菜辨别及采摘比赛 2. 组织户外野餐活动，享用自己种植的蔬菜 3. 组织孩子们将采摘的部分蔬菜分享给附近村民，并邀村民们一起在蔬菜大棚开展活动 4. 组织分享会，让孩子将此次种植蔬菜心得分享给其他的孩子们	让孩子们切身经历大棚蔬菜种植的全过程，收割自己的种植成果。并希望通过与村民们一同开展的活动，能够改善村民们单一化的传统饮食结构	×××	

（三）案例介绍

众筹拥有互联网的所有属性，属于互联网应用的重要趋势之一。目前，国内拥有的众筹平台众多，农业领域的众筹平台也日渐增多。其中，综合性众筹平台以众筹网为代表，其他发展势头较足的平台有淘宝众筹、腾讯乐捐、京东众筹和苏宁众筹。农业领域垂直化众筹平台有大家种平台、有机有利平台等。

虽说农产品众筹在全国比较火热，但仍处发展阶段，不管是回报类还是投资类农产品众筹模式都存在一定的风险。但随着人们认知度的提高、农产品回报性加大、政府的大力支持以及物流系统的完善，使得农产品众筹下乡、优质农产品进城不再是梦想。下面简单介绍一个农产品众筹的成功案例。

【案例】

"众筹一把烟台大樱桃"项目致力于扭转樱桃成熟期短、上市时间集中导致市场价格走低、大量樱桃滞销的局面，希望利用农业互联网平台让新鲜的樱桃直接送到消费者手中。开启这一项目所需要支付的快递、包装、人工以及引进优质樱桃品种等费用均通过在众筹网农业众筹平台展示樱桃的优势、果园种植情况和投资回报等信息来获得广大群众的资金支持。2016 年 4 月 21 日该项目在众筹网平台上线，仅过了 24 天就筹集到了所需资金，使其可以按照原计划顺利进行。

三、商品价格如何确定

网上购物除了方便，还因为价格相对便宜很受大众青睐。因此，商家在网上开店时，对于自己产品的定价十分关键，高了无人问津，低了又无法获取利润。根据不同的情况采取相应的定价策略是一门需要掌握的学问。

（一）商品定价的依据

1. 产品的成本

产品的成本和预期利润收益是商品定价过程中最先考虑的问题。制定的商品价格必须足以补偿生产、销售及经营等过程中产生的所有支出。如果制定的商品价格低于这些成本费用，企业就会亏损，不利于其长期发展。在多元化的市场竞争中，同类产品谁定的价格低谁就会抢先占领市场。所以，降低成本支出会给企业带来一定的价格优势，大部分企业首先也会通过这种方法增加企业的利润。在成本确定后，企业应制定一个目标利润，如成本的 10%、15% 等，为决定商品价格提供一个初步的参考范围。

2. 产品的市场供需

成本决定了价格的下限，而需求则是制定价格的“天花板”。一方面，当消费者真正了解商品的内在价值或潜在价值，比如商品的稀缺性或其他附加价值，商品的价格也会随之提升。另一方面，商品的市场供需情况在很大程度上也会影响价格的制定。尤其像农产品这种具有季节性特征的商品，其价格受市场供需影响较大，当市场需求旺盛时，产品价格可随之上浮，但当市场走势低迷、农产品大量滞销的情况下，产品的价格也应随之下调。

3. 产品的市场竞争

互联网的兴起，导致信息流动逐渐透明化，消费者从网上比价之后再选择购买商品是一件轻而易举的事情。所以企业在给商品定价时，还要把竞争者的成本、定价等因素考虑进去，综合评定后再定价。如果处于高度竞争状态下的市场，企业商品定价高出市场均价的话，则会损失大量消费者。因为价格太高，购买者会转向其他替代商品。而如果是处于适度竞争状态下的市场，在产品差异较大的情况下制定高价，反而会让消费者认为与众不同，达到促进消费的作用。

（二）商品定价的方法

1. 渗透定价法

当同类农产品的特点相差不大时，企业往往为了吸引广大消费者，也为了阻止竞争者进入市场，而采取低价薄利的策略。其定价模式主要分为三种：一是高质中价定位法，消费者花中等的价钱，就能买到优质的产品和服务；二是中质低价定位法，面对那些对市场价格较为敏感，但又希望获得质量过得去的产品的客户群体，企业一般以较低的价格向消费者提供一般标准的产品和服务；三是低质低价定价法，为迎合低收入群体，在产品没有质量优势的前提下，只能以较低的价格促进消费。

2. 差别定价法

针对不同人群，不同地域，不同时间经营不同牌号、花色和规格的同类产品，企业往往会制定几个不同档次的价位，让消费者感受到商品在特定属性之间的差别。但通过差别定价法来给商品定价的时候，要注意差别价格不应引起消费者的不满，还要确保商品不会出现从低价市场流入高价市场等情况。

3. 折扣定价法

折扣定价法是企业在消费者购买一定数量或一定金额的商品后，给予一定的折扣来促进消费的定价方法。为了让消费者多购物，企业设定购物达到一定数量后给予相应折扣的手段是数量折扣。同时，企业为了及时收回货款，也可以在消费者提前付款或以交付现金的方式结账后，给予一定的价格折扣，这种方法又叫现金折扣。因此，商品的最终价格并非产品标注的原价，而是取决于商家如何制定商品促销、打折和组合优惠活动。

（三）案例介绍

【案例一】

以差别定价法为例，商家可以针对不同的消费群体制定差异的产品价格。比如在某些网店，如果是会员的话，购买商品的价格就会便宜一些，而对非会员的消费者就会加价5%～10%的费用。这种给会员福利的方法就是为了绑住一定的消费者在此平台长期购买产品。一般办会员要缴纳一定的会员费，而只有成为会员才能享受会员的价格，所以会员会为了把缴纳的会费省出来而长期光顾此电商。

【案例二】

可按照时间的差异为商品制定不同的价格。比如面包、比萨等食品，早上的价格就会比晚上略高，因为早上的食物相对新鲜一点，如果想要购买新鲜的食物就要花费较高的价钱。而同样的新鲜蔬菜、绿色食品等在元旦、春节等节假日期间的价格就会比平时高。

四、快递配送的模式选择

物流问题一直是限制行业发展，尤其是农业发展的主要因素。农产品类别不同，对配送要求也就不尽相同。肉类、海鲜类水产品为防止其腐坏变质，需冷冻处理方可进行运输配送；蔬菜、水果类则需冷藏处理后进行配送；而谷物、干货等常温即可进行配送。农产品在长、中途运输和最后一公里配送过程中，主要以冷链运输为主。

（一）农产品电子商务配送模式

生鲜食物保质期短，运输过程中易腐、易烂，是最难经营的农产品，因此生鲜电商在快速发展的同时仍然面临着物流问题。这里介绍4种常用的物流配送模式，电商可以根据自己的企业规模进行选择。

1. 自建物流模式

自建物流模式是指农产品电商平台自筹资金，建立属于自己的物流配送系统。从接受消费者通过电商平台下单，到所选商品最终送至消费者手中，期间没有第三方介入，采取“接受订单—送货上门”的一体化服务，电商平台管理整个物流运输过程。自建物流模式大多是在网购人群相对密集的地区建立仓储中心和快递配送点，采取就近配送模式，不仅缩短时间，还能节约成本、人力和大量配套资源。各个配送点均与互联网相连接，可通过网上订单查询到快递配送的信息，实时监控。

2. 第三方物流模式

第三方物流模式是指由农产品供给方和需求方以外的物流企业提供相应物流服务的一种业务模式。早期在我国冷链物流发展相对滞后的情况下，一线城市的生鲜农产品主要以自建物流配送为主。随着经济全球化的发展和信息技术的进步，越来越多的农产品在全国乃至全世界范围流通消费，自建物流的经营方式已无法满足社会的需要。同时，电商企业为占领市场，必须加强企业供应链管理，提高核心竞争力，这样就需要把非核心业务的物流配送外包出去。因此逐渐涌现出像宅急送、顺丰等拥有冷链配送系统的第三方物流公司。

3. 社区式配送模式

社区式配送模式是指消费者通过农产品电商平台下单，企业根据订单情况以社区为单位进行配送的物流模式。例如“电子菜箱”模式，农产品电商与社区管理者协商，在缴纳一定的管理费后，可在社区安装电子菜箱，社区居民在网站上下单后，企业根据订单情况按照区域将商品按时送到指定小区的电子菜箱内，居民凭会员卡打开电子菜箱，拿到在网站上所买的商品。社区配送模式解决了“最后一公里”物流配送难题，通过客户自提的方式，实现非面对面交付的物流新模式。

4.“便利店＋O2O”模式

“便利店＋O2O”模式是指农产品电商利用自身的数据优势与传统线下企业合作，利用O2O模式将线上线下整合起来。农产品电商平台为消费者提供商品信息，方便消费者购买，随后将商品放入便利店的冷柜储存，消费者再到便利店线下取货。有的企业直接线下开店，消费者在网上购买完商品后，根据定位系统选择距离最近的便利店取走商品，大大缩减了物流成本。“便利店＋O2O”物流配送模式的实施，使消费者直接接触商品，体验真实，有助于提升重复购买率，又能很好地解决退货等问题，缩短选购商品的时间。

（二）物流配送模式的选择

为保证食品的新鲜，不同电商会选择不同的物流配送模式，以上4种模式各有特色，各有利弊。企业发展阶段的不同、冷链物流技术的不同都会影响农产品电商物流模式的选择。以下是在选择物流配送模式时电商需要注意的问题。

1. 配送成本

配送成本是选择物流配送模式的首要因素。我国生鲜电商物流配送系统由于冷链物流技术的滞后，导致成本居高不下，不仅增加了消费者成本，也给企业带来了极大的风险。比如，自建物流在仓储、设备投入及配送中心构建中，成本投入较高，一旦投资失败，自建物流就变得毫无意义；第三方物流可同时为多家企业配送，配送量有一定的保障且风险较低，但冷链物流配送系统构建不完善，生鲜食品与其他商品一同配送，质量往往得不到保证；社区配送相对集中，在一定程度上降低了成本，但由于需要安装“电子菜箱”等设备，前期硬件投入费用较高，安装后的管理还需持续投入，增加了成本；“便利店＋O2O”的自提模式，让用户可以自行取货，简化配送流程，降低了成本投入，但也是最考验商家对线上线下统筹规划、协调发展能力的模式之一。

2. 配送速度

生鲜食品本身的易损、易腐性使其对配送速度要求较高。在这 4 种配送方式中，自建物流能够严格把控配送时间，实施全程监督和督促配送员；第三方物流企业服务的商家较多，农产品电商丧失了监督权，当配送量较大时，容易出现压货的现象，配送时间不好把控；社区配送可以事先约定好取货时间，电商对配送时间也有一定的掌控能力；“便利店＋O2O”自提模式则不会出现送货不及时的问题，取货时间完全由消费者自行把握。

（三）案例介绍

【案例一】

沱沱工社的经营范围包括水果、蔬菜、海鲜、肉类等 16 类，品种达 3000 多个。为了保证商品新鲜，沱沱工社斥巨资构建农场，自建冷链物流配送团队，并保证在客户下单后两小时左右将商品送达，保证快递配送速度与质量。商品从种植阶段到仓储到包装成品再到快递配送到消费者手中的过程都是透明可控的，真正实现从田地到餐桌食品的安全和新鲜。

【案例二】

社区配送中较为典型的例子就是武汉家事易。商家在小区配置具有制冷、保鲜功能的“电子菜箱”，消费者在电商平台选购好商品后，第二天就可以凭借会员卡在“电子菜箱”中取出购买的商品。快递员可根据订单情况集中投递，缩短投送时间，提高效率。将食物放于电子菜箱中，可以保证生鲜食物在短时间内不会腐坏、变质。

五、人员管理的方法和经验

企业想要快速发展，迅速站稳脚跟，留住优秀人才，就需要具备强大的内部凝聚力，而有效的人员管理是提高企业内部凝聚力的重要手段。本节从塑造企业核心价值观、人才选拔机制、激励机制、员工培训等四个方面对人员管理的方法和经验逐一简述，并以当今人才流失最为严重的物流行业为例，介绍一下顺丰是如何管理人才、留住人才的。

（一）塑造企业核心价值观

企业核心价值观是企业文化的内核，是在企业经营过程中不断渗透给员工的一种无形的原则。企业的核心价值观包括很多方面，比如：踏实的工作作风，和谐的工作环境，创新的发展理念，等等。企业应根据自身情况，提出一个最切合实际的要求，并不断地完善自己、逐步建立起在行业中的地位，将这种价值观渗透给每一位员工、每一位客户。

（二）人才选拔机制

企业首先要明确自身需要哪方面的人才，应具备哪些实力。然后通过一套适合企业自身的选拔机制发现人才，如：德才兼备之人，必重用；有德无才之人，需进行专业培训以提高业务水平；有才无德之人，需根据实际情况限制录用；既无德又无才之人，坚决不能用。同时，企业内部也应不定期地对员工的实力进行测评，尽量避免大材小用、小材大用的情况出现，让每个人都能在自己的工作岗位上发挥最大的作用，体现自身价值。

（三）激励机制

激励机制一般分为两个方面：晋升和提成。每位员工都不愿在现有的岗位长期止步不前，都希望得到晋升的机会，因为这不但有望提升个人收入，同样也是对自身实力的认可。企业应该根据业绩选拔出一些能力相对较强的人才，为他们提供一定的晋升空间。在这样的激励机制下，哪怕是基层员工，只要通过不断地努力就会得到符合自身实力的岗位，也会为企业创造更大的价值。再之就是提成激励，提成一般以个人销售业绩为基数，按照一定的比例来计算奖金。企业在制定相应的激励政策时可以考虑把提成分为两部分，一部分按个人的销售业绩来计算，另一部分按照网店的总销售额来提成，将个人的销售业绩和大家的收入绑定起来，不但会提高团队合作意识，也会激发集体的创新能力。

（四）员工培训

员工进入企业后，应为员工制订“岗前、岗中、岗后”一系列的长期培训计划，循序渐进地提升员工实力。前期主要是将企业文化、产品相关知识等内容介绍给员工，让员工对企业有一个初步了解，随后要根据员工的岗位需求有针对性地进行培训，包括销售技巧、服务技巧等。入岗后还要对员工不断进行培训，将员工的内在潜力激发出来。企业培养出优秀的员工，在给企业创造更大的价值的同时，员工的一言一行也是企业形象的代言人，企业培养出的优秀员工形象良好，无形中也为企业做了宣传。

（五）案例介绍

【案例】

物流行业长期面临劳动强度高，员工年龄普遍偏小，工作环境艰苦，职业荣誉感较低和一线员工跳槽率高等问题。顺丰自1993年成立至今，作为该行业的翘楚，物流行业做得风生水起，因为他们一直秉承“以人为本”的人员管理理念。顺丰集团人力资源部总裁认为：“更好地服务员工，是人力资源部门的首要责任。”

顺丰人力资源的理念。顺丰集团的核心价值观是“尊重、团结、认真、奉献”。尊重每一位客户，尊重每一件货物，尊重每一个企业员工，只有当员工本身感受到尊重，才能体会到这种文化的魅力，才会自觉地把尊重客户放在首位。每个部门的职工要有集体观念，要互相帮助和支持，从而可以创造更大的价值。完成任务不是目标，将任务做好才是目标，只有坚持这样的理念，才会得到不断进步和发展的空间。

时刻为员工着想。顺丰总裁王卫，普通员工平时见不到他。但只要员工有困难，他总能挺身而出，为员工出头，帮员工解决一切问题。2016 年 4 月，王卫在面对网上热传快递小哥被打的消息后，第一时间出来表态，其发文声明：“此事不追究到底，我不再配做顺丰总裁！”王卫也大力帮助在顺丰干不动的老员工寻找工作出路，让他们做电商或做嘿客便利店。顺丰为员工能够安心工作，既给他们解决后顾之忧，又增加“医食住教”等便利条件，为员工提供实实在在的福利。这些举动无一不感动员工。顺丰集团对一线员工的呵护表现为不仅在精神上给予重视，而且在物质上给予帮助，这也是为什么进了顺丰的人都心甘情愿努力工作。

拥有完备的人才培养体系。顺丰非常注重人才的培养，为保证员工多元化发展，建立双通道职业发展模式，员工根据自身实力情况选择不同的发展路线。在培育优秀人才方面，顺丰投入了很多人力、物力和资金：面对大批应届毕业生就职，顺丰设立“箐鹰计划”培养新人；为方便内部员工学习，顺丰在内部建立了大学；为提拔基层优秀人才，设立“千里马”人才培养机制等。这些举措让基层员工晋升为高管有了可能，同时也达到了人尽其用的作用，让每个人的价值最大化。

以诚信为用人的首要标准。顺丰要求员工不作假、不欺瞒、不损害客户及企业的利益；不损人利己、不以公谋私；不轻言毁诺，不失信于人；并勇于挑战自我。顺丰为员工提供专业、完善的发展平台，让他们在这里尽情展示自己的才华。也许顺丰不是每位员工最终的归属，但顺丰努力为来这里工作的员工提供别样的职业生涯体验。

六、用户大数据应用

简单来说，用户大数据应用就是指企业在分析了大量的用户数据之后，根据结论得到的下一步行为决策。由于电商使用的网络平台对于数据的掌握具有先天的优势，因此电商企业可以通过深刻挖掘用户数据来创新商业模式，为不同用户提供具有针对性的个性化、差异化服务。数据来源于市场，反映了用户的动向。掌握了用户大数据就等于掌握了市场风向标，不但可以帮助农户摆脱传统跟风种植的市场导向，还可以帮助商家找到偏好他们的人群。

（一）用户大数据应用方法

用户大数据的应用主要可以分为两个步骤。首先是分析用户行为，其次是根据用户行为进行精准服务。用户行为就是用户在上网购买产品时发生的所有行为。与普通门店不同，电商不仅能够收集用户的交易信息，还能收集用户购买前的行为信息。比如用户在逛网店时浏览或购买了哪些商品、对哪些商品进行了评价打分、把哪些商品加入了购物车但没有付钱、是否使用了优惠券以及是否有退换货的情况发生。通过对这些行为信息进行分析，商家可以了解用户的消费心理和消费习惯，然后对不同用户分别提供合适的服务。在找到了用户的个性和用户之间的共性以后，商家就可以针对结论开展精准预测、精准营销、精准推广等工作。这样的个性化服务不仅可以提高用户的购买意愿，还可以缩短购买时间和购买路径，对提升用户体验起到极好的促进作用。

（二）案例介绍

网商将客户的消费信息收集起来组成大数据系统，不但可以了解消费者喜好，还可以精准地为消费者提供其需要的商品。

【案例】

客户A、客户B和客户C都在天猫超市上选购生鲜水果，从他们在选购水果的过程中打开的不同类网页的次数、查看水果品种的情况等购买前的行为信息，可以深度反映这些客户潜在的购买心理和购买意向。比如：客户A在天猫超市网站上选购生鲜水果时输入的关键字非常明确——苹果，他在选购苹果的过程中一共打开了5次网页，其中4次打开的是进口苹果的网页，另一次打开的是国内山东生产的苹果；客户B在选购生鲜水果时，查看的水果类别及搜索的关键字主要集中在荔枝、香蕉、菠萝、椰子、橄榄、橙子、枇杷等；客户C在不同时间段选购生鲜水果的类别有所差异，一、二月份选购圣女果和草莓等，三、四月份选购凤梨和杧（芒）果等，五、六月份选购火龙果和荔枝等。从以上3位客户的选购行为能够看出，客户A在选购水果时倾向于进口产品，虽然也查看国内苹果，但也只是看了看山东生产的，这说明客户A对商品品牌的要求相对高一些。针对这类消费群体，主要以推送进口产品为主。客户B在选购水果的过程中钟情于南方水果，对像苹果、桃子、橘子等这类北方水果选购的热情相对低一些。对于这类对选购商品的地域要求较高的消费群体，可针对其偏好推送具有地域特色的农产品。客户C的生活品质相对高一些，在选购生鲜水果的时候主要选购应季水果。对于这类消费群体主要以推送应季产品为主。

据电商行业用户行为分析公司的不完全统计，消费者在最终购买商品之前大致会查看5个网站、36个页面。把所有能搜集到的客户信息整合分析可以发现，客户购买行为受上千个行为维度的影响。电商在收集这些客户选购行为信息的过程中，逐渐形成了庞大的数据信息，通过分析这些数据信息，就可以针对客户的选购行为为其提供精准信息推送。像上述列举的具有潜在购买意向的客户还有很多，只要不断累积客户日常的消费偏好、对某类产品的搜索频率等数据，就可以增加推送的精确性，节省营销成本，提高客户体验的满意度。

第五章
初做农业电商应注意的问题

近几年，随着互联网的迅速普及和大型资本的介入，“互联网＋农业”的发展如火如荼，各类农业电商层出不穷，行业整体呈现持续发展的势头。然而，生鲜电商的风险也同时存在。2013 年 5 月，顶着“亚马逊合作伙伴”光环的“美味七七”正式上线运营，这家驰名长三角地区的全品类生鲜电商先后从美国亚马逊、成为资本、正大集团等多家大型企业手中获得 4200 万美元的投资，却仍然在 3 年之后因为资金链断裂而不得不停止营业。2014 年宣称打造生鲜界“阿里巴巴”的水果营行，在 20 多个一、二线城市拥有 300 多家实体店，却也在一夜之间轰然倒塌。是不是说，这么大的电商都失败了，其他人就更不要痴心妄想了呢?

其实，伴随着消费者需求的不断升级，我国农产品电商交易规模特别是生鲜电商交易规模正在逐年扩大。据中国电子商务研究中心统计，2016 年全国农产品网络零售交易总额达 2200 亿元，其中生鲜电商交易额达 914 亿元，农产品电商仍然大有可为。只不过搭建平台易，运营平台难。做电商并不是简单的一台电脑、一根网线，而是一项涉及众多方面的系统工程。除了资金和规模，经营农产品电商还有许多其他必须要注重的方面。只要将短期阶段目标和长远战略目标相结合，形成可以落实执行的持续发展规划，综合提升自己的软硬实力，就一定能在纷乱的电商大战中夺得一席之地。

一、挖掘优势，确保产品高质量

知己知彼才能百战不殆，想要战胜别人，首先要了解自己。做电商也是如此。在着手经营之前，要充分认识自己能做什么，自己的优势和劣势在哪儿，然后摆正位置，扬长避短。虽然从理论上说，无论什么产品都可以做电商，但是产品种类不同，也就决定了目标人群、运输方式、利润大小和经营方式的不同。甚至是同种农产品，客户的购买欲望也会受到其口感、颜色、形状、大小的影响。因此，在电商运营中，别人的成功经验只能起到参考作用，经营者一定要根据自身的实际情况及时调整经营策略。

【案例】

2012 年 11 月 5 日，在“本来生活网”上正式发售的“褚橙”给生鲜电商增添了浓墨重彩的一笔：5 分钟销售 800 箱，全天销售 1500 箱，同时还极大地带动了网站上其他农商品的销售。回顾“褚橙”的发家史，自然离不开好的营销宣传策略，但只有橙子本身好吃才能让消费者记住，即使价格稍高也让人觉得物有所值。褚时健用 10 年的默默耕耘培育出酸甜比适合国人的“褚橙”，他认为“褚橙”的成功不是因为互联网，也不是因为什么特别的营销手段，归根结底还是在于品质。

为了保证口味的鲜、爽、甘、甜，“褚橙”在种植和采摘环节都严格按照标准执行。比如，在施肥环节，首先要对每块土地的土壤和果树分别进行检测，然后根据不同土壤营养结构施加不同比例的有机工业混合肥料，在改善土壤质量的同时也延长了果树的生命期；在施药环节，虽然“褚橙”不是有机产品，但农药的使用也是参照国家绿色标准执行的，具有国家颁布的绿色食品认证证书；在采摘环节，“褚橙”严格禁止提前采摘，而且会对这种行为进行罚款，就连果树自然落下的橙子也不准许出售，只

能收集起来腐烂变肥……

另外，"褚橙"时刻注重改善自己的产品品质，以符合消费者的消费期望。2016年1月，88岁的褚时健在和记者座谈时曾说："去年'褚橙'质量不好，对不住大家了！""消费者的这些批评都符合实际，我要感谢大家给我指出来！今年'褚橙'在质量、渠道、品牌等方面都会进行改进，不再让橙迷们失望。"为了兑现诺言，褚时健不仅重新制定了质量标准和优果选取标准，还从头梳理了线上电商兑现服务承诺的能力，对于那些对销售供应链管理能力不足的电商将不予供货。也正是因为像这样抓细节、保质量，永远把客户需求放在第一位，"褚橙"才成就了今天的金字招牌。

（一）抓好进军市场的切入点

"褚橙"以"适合国人口味"为切入点，主打黄金酸甜比和甜润无渣，并配以"励志橙"的传奇故事，最终一炮而红，将看似寻常的橙子卖得不寻常。从当前情况看，很多企业和个人在进军农产品电商时，只是盲目跟风，甚至把别人的做法照搬过来，完全没有意识到不同产品种类、不同企业实力、不同目标人群、不同竞争环境所对应的经营方式也不尽相同。其实，类似"褚橙"这样故事营销的切入点还有很多，如：有机农产品的销售价格相对较高，那么其客户群体应该以中高收入人群为主；销售地方特色农产品的，应该着重于保证食物的本来味道；买卖生鲜产品的，必须要解决好仓储和配送两大问题；公司实力小的可以依托完善的大型平台，有利于品牌宣传；公司实力大的还可以自建平台，做垂直电商。如今的电商巨头经过多年的积累建设，无论是平台建设、产品品类、物流体系还是售后服务，都已经相当完善，其他竞争者很难在硬件上与其相媲美。因此，在开展电商相关经营活动之前，一定要审视自我，明确优势，这样才能开辟出一条适合自己的发展道路。

（二）严格保证产品质量

对于“褚橙”来说，十年种一橙、特制肥堆、保证每一颗橙子的质量等标签已经深入人心，也正因如此，即使价格偏高，消费者也是可以接受的。狠抓质量保障，主要包括产品质量和服务质量。产品质量方面，农产品电商能否站稳脚跟最根本的问题就是能否提供消费者值得信赖的农产品。无论是强调原生态还是有机种植，消费者最基础的诉求就是品质，这就要求商家要从生产源头开始严把质量关，杜绝残次假冒的农产品流通到消费者手中。必要的时候还可以安排专业人员进行抽查，甚至组织邀请消费者到生产一线参观，增加消费者信心。同时，在物流和仓储方面也要进行严密对接，确保新鲜、优质的农产品能够从田间地头直接运送到消费者的餐桌上。倘若没有安全优质的好产品，农产品电商最终将会成为无源之水，难以持续。服务质量方面，主要体现在物流配送和售后服务。消费者能否便捷快速地得到想要的产品和在出现问题时商家是否会从消费者角度出发解决问题，都决定了商家在消费者心中的地位。只有用心为消费者着想，才能赢得消费者的赞誉。

（三）以“商”为本，以“电”带“商”

不可否认，农产品“触电”是当前最时髦的经营方式之一，很多商家希望借助网络开拓市场，为此不惜在网络环节上投入重金，却忽略了与实体产品发展相结合，最后得不偿失，铩羽而归。造成这种情况最主要的原因就是商家没有分清“电”和“商”的主次关系。以“褚橙”为例，销售“消费者满意的橙子”比任何“励志故事”都更能打动消费者，也难怪在出现问题的时候褚时健要亲自站出来为自己产品的品质道歉了。电商作为一种有别于传统商业模式的新兴手段，从本质上来说仍然是一种服务模式，无法脱离“商”的范畴。如果把产品营销当作彼岸的目的地，那么电商就是帮助商家到达彼岸的船，商家切不可为了造一艘又大又好看的船而忘记了目的地在哪里。也就是说，消费者最终认可的仍然是产品质量，尤其是生鲜农产品，价低、直销固然更好，但口味和健康才是核心竞争力。

电商不仅是一种营销手段，更是一条连接消费者、销售者和生产者的通道。要充分利用好这条通道，将三者紧密地结合在一起，始终以消费者为中心，根据消费者的需要改进自己的生产技术和产品质量，推动质量管理标准化、产销信息透明化、产品消费个性化，不断满足日益变化的消费者需求，提升消费者体验，增加消费者认同度。总之，“电”是形式，“商”为根本，只有把互联网和农业产业相融合，踏踏实实以质量为本、以消费者为本，才能赢得消费者的信任，最终提高销量。

二、精准营销，培养客户新习惯

精准营销，简单来说就是找到属于自己的客户群体进行销售，也就是解决产品究竟想要卖给谁的问题。这也是每一个要做电商平台的经营者首先要面对的问题。可不要小看这个问题：农产品和普通工业商品在标准化的程度上有很大差别，这种多样性恰巧满足了不同客户群体对不同商品属性的需求，同时也产生了千差万别的客户需求，形成了不同的客户群体。众多的客户群体看起来提高了电商的经营难度，但作为入门的小企业，其实并不需要像阿里、京东那样做到面面俱到，相反只要能够抓准一个群体就离成功不远了。

【案例】

尽管“青年菜君”最终暂停了相关业务，但这家曾风靡北京的电商企业也曾一度成为生鲜半成品行业的代名词，尤其是在用户选择定位的问题上颇有其独到之处。

首先，青年菜君对自己的定位是要成为一家经营生鲜半成品的电商平台。顺理成章的，青年菜君也就瞄准了那些会把净半成品纳入购买清单的生活在一线城市、厨艺技能一般的青年消费者。他们年龄普遍在20～35岁之间，大部分是北漂和第一代北京移民，平时工作十分忙碌，没有时间买菜、洗菜。于是，青年菜君锁定了这样一个解决方案，那就是为用户准备好半成品净菜，把要做的食材洗好、切好、配好，并配备相应的调料，通过将供应链到物流的所有环节都施行标准化运营以解决采购、库存和菜品搭配上的损耗问题。用户取到菜品之后只需按照提供的方法进行烹饪，就可以吃到干净美味的菜肴了。

而从结果来看，青年菜君的用户定位也相当准确：在他们的用户中，有73%是女性消费者、50%是“80后”、42%是有孩子的人群。青年菜君的业务超越了单纯卖菜的范畴，是在深刻挖掘北漂白领的生活模式之后，满足了他们的基本需求，这才取得了一定的成绩。

（一）确定有发展潜力的目标客户

如何理解抓准目标客户这件事情呢？青年菜君在这方面就有其独到之处——他们想将自己的产品卖给那些需要“节省时间”的年轻人。在一定程度上来讲，快节奏的都市生活就是青年菜君打开市场大门的钥匙。一般情况下，客户群体可以从年龄、性别、职业、收入情况、消费习惯、地理环境等方面进行划分，经营者应该根据自己销售的产品属性选定目标人群。比如，虽然现在互联网发展迅速，但能够在网上熟练搜索、购买商品的仍然以年轻人为主，尤其是那些生活节奏较快，而且又不愿多花时间到菜市场或超市挑选农产品的城市白领，他们更倾向于动动手指就能解决这些问题，那么电商经营者就应该针对这类人群，采用便捷的提取方式销售农产品；再比如，对生活质量要求较高的中产

阶层以上高端消费人群通常对价格不是很敏感，他们相对重视食品安全和营养健康，钟情原生态食品，因此电商经营者就应当为他们多准备一些高品质、高附加值的农产品；同样，如果经营的产品具有一定的特殊功效，比如瘦身、降糖等，那么就应该找到相应人群如都市女性、血糖高者进行宣传推送，而不是像传统营销方式那样“广撒网，多敛鱼”。也就是说，想做电商，首先需要根据自身商品特性找到潜在的客户群体，然后根据目标客户的需求特征改善产品，满足目标客户的需求。由于电商企业的资金和人力资源有限，寻找客户的个性化体验，既可以节省电商企业的时间和运营成本，还可以起到广告效应，迅速提升电商品牌的知名度。

（二）培养目标客户的消费习惯

在确定了自己的目标客户群体之后，下一步就要考虑如何培养他们的消费习惯了，换句话说就是要让客户在需要买东西的时候第一个想到你。如果要总结一下互联网农产品客户的两大特点，那就是挑剔和懒惰。与网上购物相比，线下体验更加让人感觉真实、放心。回想一下我们在买西瓜的时候一定会拍一拍、敲一敲，这和在网上看图下单是完全不一样的感受，所以近些年电商虽火，但生鲜电商渗透率却极低。因此电商经营者一定要让消费者打破传统的消费方式，建立全新的消费习惯。在网上购物，一方面，客户对价格、质量、配送和食品安全都有着相当高的预期，所以在最初挑选产品时一定会不惜花费大量的时间和精力；另一方面，一旦客户认可了某一品牌并养成了在这里消费的习惯，那么客户就会更倾向于直接在这里购买产品，而不去花时间了解其他品牌。因此，商家首先要做的就是通过优质的产品、低廉的价格和良好的服务把客户吸引过来，然后通过网站内容、互动娱乐和社会临场感建立与客户进行情感沟通的渠道，关注客户的精神需求，进而提高客户黏性，培养客户忠诚度。其实，很多客户对电商的要求并不高，比如生鲜产品，只要能够及时送到，就算是在就近的线下门店自提，他们都会愿意采用这种方式进行购买。而这种习惯一旦养成，那么上网买菜就会逐渐成为他们生活的一部分。

除此之外，商家还应该注重“场景消费”，依托美食节目、生活类 APP、线下餐饮店等，将产品嵌入消费场景，依靠场景激发用户的消费行为，有针对性地将产品渗透给目标人群，提升购买转化率。完善的售后服务是维护客户的重要一环。由于农产品具有易腐烂、易被磕碰、对储存环境要求高等特性，所以在到达客户手中时很有可能会出现变质损耗的情况，这就要求电商经营者应该及时对因产品质量而造成的问题对消费者进行售后补偿，只有认真倾听消费者的声音、真诚积极地与消费者进行沟通，改善经营，才能在激烈的电商竞争中赢得消费者的青睐。

三、保证货源，控制成本争利润

目前农产品电商，尤其是生鲜电商亟待解决的问题是如何保证货源供应。俗话说巧妇难为无米之炊，想要把电商做起来，必须有稳定的货源保障。虽然一些农产品有较强的季节性，但只有长期稳定的货源供应，客户才能拥有更好的消费体验，进而提高他们的重复购买率，稳定消费群体的形成。货源不稳定的原因主要有以下两个方面：一是农户的生产规模有限。一般的小农户只有几十亩土地，产量不足，再加上网络销售能力欠缺，造成产品流通的成本过高，既无法形成规模生产，也无法形成规模销售。二是农户销售方式存在局限性。许多农户特别是较为偏远地区的农户对电商的概念还没有清楚的认识，思想还停留在“一手交钱一手交货”的传统交易模式之中，销售渠道单一，也很难让想做电商的商户了解自己的产品。

【案例】

2009年，一家专做高端生鲜农产品到户配送的O2O电商"天鲜配"在上海上线。这家公司采取预付费的经营模式，用户可预先交费办理套餐业务，然后就可以在家收货了。本来消费者以为这样就可以按时足量地吃到放心的有机蔬菜了，但没有想到的是，不到两年，这家宣传自己产品来自孙桥卉绿有机农场、是世博会指定的有机蔬菜供应商、并承诺一周三次配送上门的企业就被爆出其不少蔬菜产品来自普通的批发市场，品牌信任瞬间崩塌，天鲜配也不得不将自己转卖给了其他运营团队。

其实，最早的天鲜配的确是和孙桥卉绿有机农场进行合作，但是一年之后出现了种种问题，进货品种和数量直线下降，钱款拖欠现象严重。而生鲜起步销量较小，公司又很难和产地直接进行对接。于是，天鲜配也开始从其他渠道进货，但这样做不单使公司失去了对蔬菜来源的控制，更增加了调配成本，经常出现不能准时送货上门的情况。而即使是按时送到的货品也无法保证是高品质的有机蔬菜了。有不少用户反映，配送的蔬菜不再像以前一样时常能看到小蜗牛和青虫了，蔬菜的口感也出现了变化。这些细小的发现在全媒体时代很快就被挖掘放大，消费者在发现有可能受到欺骗时自然也不会善罢甘休，很快这家公司就面临了高负荷运营和消费者投诉的困境。虽然在转卖之后，天鲜配承诺为之前的用户继续提供配送，并尽快恢复与孙桥卉绿有机农场的采购合作，找回优质菜源，但经历了这样一场风波，受损的还是公司自身的利益和品牌形象。

（一）稳定的货源是持续经营的保障

天鲜配流失客户的根本原因在于其缺乏稳定的货源保证，配送的蔬菜和宣传的"有机生鲜"存在差距，降低了客户的体验，也丧失了用户的信任。其实，缺乏产品源产地的一体化整合是许多电商在供应链端面临的问题。举一个简单的例子，两家相邻的樱桃园采用的培育标准和所使用的肥料不同，樱桃的口感也就不同，把这两种樱桃按照统一标准销售显然是行不通的。所以无论是自家种植还是与乡亲合作，都需要制定标准化的种植、管理、检验规范，对所有批次的产品进行把关，力求在培育过程的源头进行品质的统一。很多农产品电商和货源地只是采取定向采购的方式进行交易，尚未形成战略协同的伙伴关系，这也使得电商本身难以保证货源质量，无法进行规模化采购，更加不能用市场动向指导货源地进行生产，从而增加了运营成本。

（二）开源节流，控制成本

虽然和传统的销售模式相比，电商直销确实可以节省很多流通费用，但是对于那些对保鲜要求较高的农产品来说，成本仍然是大问题。天鲜配正是因为无法控制自己的运营成本，所以才会选择价格相对低廉的进货渠道，进而导致了菜品质量下降、客户不买单的问题。其实，农产品电商最大的资金投入在于储存和运输。尤其是对生鲜产品来说，库房、冷链运输车和冷藏周转箱等是必不可少的。这些设备大多相对昂贵，还需要定期进行维护，所以投资回报周期较长，极大地提高了运营成本。而即使拥有良好的储藏运输设备，损耗也会随着时间的推移越来越大，到最后就连好坏产品分拣也有可能需要花费大量的人力财力。那么，如何才能节省自己的经营成本呢？最简单的办法就是找合作伙伴“抱团”开店，分工合作。比如，在农业生产组织化程度不高的地区，农户们可以和电商建立联盟或成立公司，让电商发挥其在营销、加工等方面的专业优势，然后依托已有资源，争取地方政府的金融和技术支持，真正形成区域合力。在各方面条件都具有一定规模之后，就可以进军电商市场了。当然，在电商运行过程中，一定要保证“专人专事”，擅长生产的就要回归土地，懂得开店的就要回归运营，这样既可以保证货源的充足，又可以促进

产业分工合作，更加便于产品的标准化统一，实现从货品源头上把控质量。

（三）利用问题进行营销

优质的产品是维护客户体验的最佳手段。食品最易于传播的方式就是口碑相传，如果一个用户不满意，很有可能将会带走一大批潜在用户。因此，电商经营者一定要严把质量关，控制自己的退换货比例。如果产品退回后很难进行二次销售，不妨考虑在出现问题时以“送”代“退”，这样虽然看似增加了成本，但却留住了用户。

从当下的情况看，经营理念的误区导致农产品电商难以盈利。在互联网时代，电商普遍认为制胜的三大法宝是营销、流量和交易，所以很多农产品电商花大价钱走“噱头”这条捷径，导流量、做推广，而忽略了对产品本身的质量要求。会“电”不会“商”，服务做不好、质量上不去，这样的商家怎么能盈利呢？综上所述，农产品电商的每一个环节好像都需要耗费大量的资金。但换个角度来想，如果把每个环节都做到尽善尽美，那就可以在每个地方都节省成本，实现声誉和利润的双丰收。

四、保障物流，打通“最后一公里”

马云曾说，电商最大的考验是物流。我国农产品流通体系建设相对滞后，物流所带来的高成本不仅严重削弱了农产品的市场竞争力，更成为了制约农村电商发展的罪魁祸首。一项数据显示，物流成本已经占了电商销售额的42%。然而对于农产品来说，离开了先进的物流体系，质量再好的农产品到达客户手中时也会因为贮存时间过长、储藏环境不达标而出现损耗。据《经济参考报》调研指出，我国生鲜农产品在物流环节的损耗已超过20%，而发达国家的这一数字仅不足3%。这就要求商家一定要探索出如何降低损耗的经营方式。比如近几年兴起的预售模式，就可以在瓜果蔬菜收获之前先在网上预售，等整理好订单以后再进行统一的采摘分装、发货配送，极大地降低了储存和配送过程中的成本，减少了损耗，同时消费者还可以获得更新鲜的食材，可谓一举两得。

【案例】

中科院空间物理学硕士刘传军获得了“2017 创新中国年度领军人物”的称号，但是他获此殊荣的原因却跟浩瀚的宇宙沾不上边，却与“美菜网”获得“2017 创新中国（行业）十大领军企业”奖项相关联。现在的刘传军已经是中国最大的农产品移动电商平台“美菜网”的董事长了。这个本身不种菜的电商企业，却打通了从田间到餐桌的农产品供应链，实现了对蔬菜的全流程管控。

其实刘传军的初衷很简单，这个钟情农业的小伙子就是希望通过一己之力改变中国传统的农产品供应链。他认为，过去的农产品流通环节过于冗杂，经过层层“管理”之后，消费者没有少花钱，农民也没有多挣钱，只有建立一个一站式的采购平台，才能去掉中间环节，还能有利于农民。现在，美菜网是一个拥有 100 万注册用户、超过 5000 个供应基地的超大型平台。主要客户以中小型餐饮企业为主，为其提供便捷低价的多品类农产品配送服务。

而美菜网最值得称道的就是其物流系统。刘传军说:“在过去两年的发展过程中，美菜网通过自建物流美鲜送团队，日处理包裹数超过了 100 万个，配送的总里程超过了 1 亿千米。这相当于绕地球 2400 圈。在全国 20 多个城市，每天发车超过了 4500 辆，服务 40 万～50 万家餐厅。美菜网希望通过这样的方式来服务餐厅，逐渐扩大农产品供应规模，实现整个链条的打通，帮助餐厅带来更好的生意。”

的确，据美菜网副总裁介绍，美菜网的出现极大地压缩了农产品流通的中间环节，为餐饮企业用户节省了36%的成本。而为了保证蔬菜质量，他们对物流的管理也十分严格：从源头收购的蔬菜首先要运到当地的冷库进行预冷，然后通过干线冷链物流统一运送到各大城市的冷库，最终再用冷链配送送到餐厅。2016年9月，美菜网刚刚获得10亿元人民币的银行授信，刘传军将用这笔钱继续投资自己的冷链物流建设，如购买了3000～5000辆冷藏车用以解决从产地冷库到城市冷库的运输问题，从而彻底打通从农村到城市的完整物流配送链。

同时，美菜网还十分注重通过极致的服务吸引用户，不仅要求送菜时间差不超过半小时、对餐馆要求的补货及时送达，还实行一日两送，保证退换货的时效性。另外，美菜网还利用自身优势还成立了一个独立的物流品牌“美鲜送”，为其他有需要的用户提供开放的冷链物流服务，他们坚信只要拥有了自己的物流团队，就有了和其他企业竞争的资本。

（一）提升配送运输效率

物流成本还会受到货源和车源信息对接不通畅的影响。货源找车难、司机找货难，经常出现闲置问题，降低了运输效率，产生多次运输的额外成本。想要解决这个问题其实也可以找“互联网”——移动互联运力电商平台。类似的平台可以有效解决行业内部信息不对称的问题，减少中间环节，优化配送路径，提高物流作业的工作效率。还有，农户、合作社等销售者还可以通过规模化生产提升自己与物流公司的议价能力，降低物流成本。也可以通过对产品进行简单的包装，避免产品在运输过程中受到损坏。例如，姜戈互联网生态农场服务平台的创始人开展的是售卖土鸡蛋的业务，而像鸡蛋这种易碎品是如何千里迢迢又完好无损地从重庆运送到“北上广”的呢？原来，他的团队设计出了一种特别的包装箱，并用谷糠填充保护鸡蛋，然后再和物流公司谈好运输协议，控制住单个鸡蛋成本。虽然每个鸡蛋利润不多，但是他们不急不躁，依靠销量和口碑走出了自己的致富路。

（二）打造冷链物流体系

当然，对于生鲜农产品来说，打造完善的冷链物流自然不可或缺。不同于其他直销电商行业，由于生鲜农产品对温度和环境的要求很高，所以对物流的要求也极为苛刻。国内大多数生鲜电商平台使用的配送方式严格意义上讲只是初级冷链物流，即通过在包装箱、泡沫箱内放置冰块等用以保鲜，然后采用传统的物流体系进行运送。这样做虽然能够给小规模的电商企业带来方便，但是却需要承担普通快递服务水平无法满足生鲜产品物流标准的诸如弱化产品差异性、温控时间无法掌控、配送效果不能保证等一系列风险，不仅造成客户体验不佳，还在一定程度上降低了生鲜电商的价值。要破解这个难题，可以考虑从以下几方面着手：一是开发高质量、高附加值的产品吸引高端客户，提升客单价，弥补配送成本；二是在投资冷库、冷藏车、冷藏周转箱和恒温设备等方面寻求合作合营的方式，以减轻一次性的投入成本；三是要加强冷链配送人员的专业能力，在每一个配送环节都制定严格的操作规程，加快物流速度；四是聘请能够精确掌握产品周期的质检员，对到货时间和产品状态进行预估，避免出现客户收到变质产品的情况。

从目前的状况来看，我国冷链基础配套设施仍旧相对薄弱。据统计，2016 年我国冷藏车保有量不足 8 万台，平均近 2 万人一台，而日本、美国这种冷藏运输率超过 80% 的国家大约每 1000 人就拥有一台冷藏车。由于缺乏可以满足自身需求的高质量第三方物流，大多数初具规模的生鲜电商和经销商一般会走自建冷库、自购冷藏车的“电配一体化”道路，虽然增加了企业的运营成本，但也没有更好的选择。相比一般的快递服务，冷链物流的成本较高，而且对于设施建设、人员管理等软硬件要求极为严格，是最为考验商家实力的指标。当然，初涉电商的经营者可以根据自己的需要选择物流方式，对批量较大、地区较为集中的订单，商家可以采用自己的配送渠道进行送货，而对于零散订单，可以采取与其他商家联手的方式，通过建立长期合作关系委托他人送货上门节省配送成本。

五、稳中求进，脱颖而出创品牌

贪大求全是很多拿到大量融资的农产品电商的通病。对于农产品这种标准化程度不高的产品来说，冷藏环境、包装分拣、仓储条件等都有其各自的要求，因此管理过多的 SKU（库存量单位）需要花费大量成本，延缓了企业的运营能力，最终有可能影响商品品质，伤害消费者体验。有些电商在获得一定成功之后，迅速发布加盟信息扩大企业规模，忽略了基础设施和物流建设。良莠不齐的加盟商在产品和服务质量上也存在把关不严的问题，无法满足消费者的需求，导致电商品牌受到影响、企业信誉度下降，消费者随之大量流失。

【案例】

现在提起上网买坚果，不少人都会想到先去“三只松鼠”看看。萌萌的鼠小酷、鼠小贱和鼠小美自诞生以来只用了 5 年的时间就创造了一个又一个的销售奇迹：在全球 100 强糖果零食公司排行榜中名列第 31 位，2016 年全年销售额超 44 亿元，“双十一”一天销售额达 5.08 亿元……“三只松鼠”究竟是如何用 3 个月就成为了电商坚果第一品牌的呢？

第一，“三只松鼠”在红海中发掘蓝海，在火热的坚果市场中找到了相对冷门的碧根果作为主打产品。由于碧根果的口味独特、营养丰富，不但适合上班族在忙里偷闲吃上几个，还可以给悠然自得的下午增添几分味道，因此有着良好的市场前景。

第二，“三只松鼠”虽然把自己的目标人群定位在高端白领，但是他们采取了迂回的方式吸引用户——先从接受新鲜事物能力强的学生和青年开始。年轻人最容易被打动的地方就是低廉的价格，所以“三只松鼠”用优惠促销的方式吸引青年群体，引爆销量，占据市场份额，然后再利用口口相传宣传自己的品牌。当用户对产品产生依赖的时候，就会为对品牌的满足感而付费，价格就显得不那么重要了。

第三，“三只松鼠”建立了对话式的营销模式，在全体验链中时刻与用户保持交流。从用户在网上找到“三只松鼠”开始，用户就成为了“主人”，而商家是用户的“萌宠”。“主人记得表扬一下，么么哒”“主人，您订购的鼠小箱正快马加鞭地向你飞奔而来”，这些生动亲切的语言贯穿了用户的整条体验链，随产品赠送的松鼠尾巴形状的开箱器、擦手巾，自然也就增进了与用户之间的感情，让用户记住了自己的名字。

第四，松鼠老爹为自己设计了一个动漫风格的 logo，每只松鼠都有自己的寓意，IP 化、人格化的代表标签让小松鼠的形象深入人心。而且动漫 logo 不仅特点鲜明、易于在青年人群中传播，还具有高度的媒体转化性，可以轻易地在平面媒体、电视媒体、移动终端媒体，甚至玩具之间转换，比如“三只松鼠”一直热衷于通过影视剧进行营销，还打算自己投资同名电影《三只松鼠》让自己的牌子再火一把。

（一）切忌急于求成盲目扩大

“三只松鼠”发展用户的方式可以看作是一个循序渐进的过程：利用低价占领市场，通过用户宣传品牌，把服务贯穿整个销售链条，最后让更多的用户对“三只松鼠”的名字产生依赖。像这样强调线上线下相融合的协同转换方式，互相补充优化，才能给用户带来更好的消费体验。生鲜电商想要发展壮大，则可以考虑一城一地缓慢布局的模式，待资金和技术都有保障之后，通过总结以往运营经验，对后续城市进行布局。以优品悦动为例，这家生鲜电商用了 5 年时间只在北京开展相关业务。在此期间，他们主要以社区为单位进行集群配送，深挖区域渗透率，等用户积累到一定规模时就建立线下体验店，对服务半径内的用户实行 2 小时送达制，提高客户黏性，通过口碑传播效应吸引潜在用户。这种稳扎稳打、步步为营的经营理念也使得优品悦动的平均客单价超过了 400 元，复购率将近 60%，营收规模超过 1 亿元。

（二）关注农产品品牌

在逐步扩大规模的同时，农产品电商还应该关注如何打造企业品牌。2017 年是农业部确定“农业品牌推进年”，农业品牌的发展也进入了黄金期。区别于一般的工业产品，虽然能够评价农产品质量是否达标的标准体系难以建立，但其差异化的特质也刚好给销售者带来了机会——只要消费者认可了某一品牌，它就可以在众多商家中脱颖而出。中国农业的产业升级，首先需要依靠品牌带动产业链发展，提升农业综合效益和竞争力，把以“量”取胜变为以“质”取胜。纵观我国农产品品牌，除了贴有地域标签的阳澄湖大闸蟹、赣南脐橙、新疆大枣等品牌，以独立企业品牌为人所熟知的确是少之又少。许多商家仍旧停留在售卖原材料的低级重复水平，忽略了加工、包装、分级，导致销售的农产品差异化低，无法形成品牌效应，价格自然也无上升空间。

（三）打造农产品品牌效应

从“三只松鼠”的成功我们可以看出，打造品牌可以从主打产品、推广营销和文化内涵等三个方面着手。首先是确定主打产品，也就是所谓的明星产品。农产品的主打产品一般是那些在品质品相上具有一定特点或者可以形成区域特色的产品，然后通过量身订制的产品卖点、利用其与同类产品的差异性来强化产品定位。在选取主打产品的时候一定要明确小而精的原则，把企业形象扎根于用户，待成功后再通过明星产品带动商家其他产品的销售，获取更大的利益。其次是推广营销，扩大品牌影响力。简单来说就是通过宣传、炒作和促销打响自己的名头。用户在挑选一种产品时很有可能要面对成百上千的店家，如果没有好的营销策略就很难吸引用户的眼球。无论是在传统媒体（比如报纸、广播、电视等）还是在自媒体（包括微博、微信、贴吧等）上打广告，都需要在宣传上下功夫。一方面可以从幽默贴切、朗朗上口的标语口号入手；另一方面可以通过写文案、讲故事的方式吸引用户的注意，然后适时推出促销活动，给自己的网店带来更多客人。最后要使创业企业的文化内涵与用户的价值观产生共鸣。品牌赋予产品的另一附加价值就是为用户和商家搭建心与心之间的桥梁。商家在推广品牌时要深刻挖掘那些能够触动用户的核心感染力，确保每次营销传播都能够有效传达品牌的内在价值和精神追求，从心理维度建立用户对品牌的识别度。

其实，品牌建设是企业长久经营的必然选择，虽然需要不小的投入，但其对未来的价值不可或缺。尤其是农产品这种与用户健康息息相关的产品，用户在作出购买决策之前一定会货比三家，并对商家的产品、服务等进行估值。估值的内容主要包括平台使用的功能价值、品牌价值和购物成本（价格、时间、精力、体力等），而估值结果被称为用户感知价值，感知价值越大，用户对品牌的忠诚度就越高，重复购买率也就越高。因此，在电商平台建设、产品价格品质等相差不大的情况下，商家的品牌价值就起到了决定性的作用。所以，打造良好的产品品牌不仅可以树立企业形象、体现企业实力，还可以显现出用户对商家的信任和依赖。

六、做大做强，经久不衰靠人才

人才是推动产业发展的第一资源，任何领域的发展都离不开专业人才，农产品电商也是如此。千万不要以为几个人凑在一起申请一个店铺或者注册一个网站就可以干电商了。其实，网上卖产品只是冰山一角，质量把关、店铺设计、产品包装、营销推广、仓储配送、售后服务这些环节都需要由懂行的人来负责。有相当一部分网店店主表示，在投入相当一部分资金搭建好店铺以后却不知道怎么经营店铺、怎么提高销量、怎么解决货源。尤其是当前我国农业劳动者年龄普遍偏大，缺乏电子商务的基本知识和操作技能，而相关培训又较为分散，难以解决农民“触电”的根本问题。数据显示，全国电子商务行业的人才缺口超过 400 万，更不要说是既懂电商又懂农业的跨行业人才了。有产品但是不会上网做生意是目前农产品电商发展过程中遇到的最大问题，因此，农民在加入电商行业之前一定要先对电商有所了解。

【案例】

优菜网是我国最早一批试投生鲜农产品电子商务企业之一。当年其在业内也是颇有名声，曾获得 200 万元的天使投资。然而没过几年，这家电商企业就由盛转衰，逐渐淡出了人们的视野。现在的优菜网已经开始转型做 O2O 业务，然而谈及当年的经验教训，其创始人坦言，很重要的原因之一就是在团队中缺少某些方面的专业人才。从团队创始人的构成来看，优菜网的三名高管里有两人出自 IT 行业，一人曾从事化妆品行业，不仅缺乏对零售行业有所了解的商业人才，还缺少具有农业相关背景的专业人员。

“优菜网扩张之后，为了赢得客户，我们希望将商品价格卖得低一点，从而吸引更多客户。于是我们刚开始在生鲜产品上的加价率为 30%～50%，后来发现这样的定价我们亏损很大，于是将加价率提高到了100%，即便这样，我们只有在每天订单量超过200单之后才能保证盈亏平衡。”“有些时候，明明我们看着很好的蔬菜，等到消费者手中品相变得很差。”这两个问题曾经深深地困扰着创始人，也给了他很大的教训。

（一）组建专业化团队

从优菜网的失败可以看出，缺少专业人才在激烈的行业竞争中步履维艰。单说产品定价就是一项极其复杂的工程，不仅要考虑成本利润、资金周转、竞争价格、促销策略，还要综合考虑市场供需、品牌形象，单纯地按百分比加价显然不够科学。而农业领域的门道也有很多，如何合理调控冷库温度才能保持蔬菜新鲜又不被“冻死”、如何增加蔬菜的存储时间又能保持活性维持口感、不同品种蔬菜特性不一如何进行分装调配才能缩减成本等一系列问题，如果没有经验丰富的专业人员进行操作管理，很难保证产品质量。所以，农产品电商能否成功，不单单是要比拼自己的长处，挖掘人才、吸引人才、留住人才，利用人才优势补齐自己的短板，才能让自己的电商企业有所发展。

（二）分工合作，专人专事

参加政府组织的相关培训是认识农业电商最好的方法之一，也是增强自身经营管理能力的途径。在对电商有了一定的感知以后，可以考虑以家庭为单位开展电商相关的经营业务。这样做的好处是大家可以进行充分的沟通交流，每个人都有为家庭奋斗这个相同的目标，劲往一处使，容易形成合力。同时，家庭内部还可以根据情况分工合作：父辈们可以专心搞生产、小辈们可以上网搞经营；妇女耐心细致可以在前端搞销售，男人跑腿干活做好配套服务。比如安溪中闽弘泰这个茶叶品牌就是典型的“家里老少齐上阵”模式。父亲是铁观音发现者的第十三代传人，他负责在生产环节保证茶叶质量，姐姐钻研他人的成功经验，弟弟总能想出很多可行的办法，妹妹任劳任怨做好客户服务工作，王 ×× 本人则利用自己网络技能娴熟的优势装修店铺。像这种全家通力合作的经营方式，不需要聘请专业团队也可以把生意做得红红火火。

当然，在农业电商到达一定规模之后，还是需要更多的专业人才来推动自身继续发展。如果只采用外包、代运营等方式，不仅需要花费大量的资金，还很难保证别人会对自家的生意尽心尽力。所以，想要让自己的小店发展壮大，就一定要组建自己的专业化团队。一般一个完整的电商团队主要由 8 个部分组成：采购、市场营销、技术支持、网络运营、物流、客服、财务和人力资源。每个部分应该由专业人才管理，分工明确、团结协作，加强引进人才的培养，给品牌的持续发展增加动力。

第六章

案例精选

——聚焦各地农村电商经验做法

我国拥有丰富农产品资源的地区很多，但大都受限于信息闭塞、交通不便等因素，致使当地经济发展相对落后。近年来，在政府的大力支持和各路人才的鼎力相助下，许多地方的“互联网＋农业”和农业电商下乡得以飞速发展，不但切实增加了农民收入，还在一定程度上解决了农产品供需信息不对称、农村劳动力转移等问题，取得了傲人的成绩。据保守估计，2016 年地方性农村电商平台有 1000 多家，有超过 200 万的创业者通过县域涉农电商平台进行创业，极大地带动了农村区域经济发展。以下介绍一些典型的区域性农业电商，对其做法和经验进行梳理总结，以期在未来能够有更多成功的电商企业为我国农村经济的转型升级插上信息化的翅膀。

一、陕西省武功县：物流带动电商发展

2013 年 8 月，陕西省咸阳市武功县县长发现，发展电子商务是促进县域经济发展的契机。单纯依靠当地供销社来推动农业电商是不可行的，还要借助区域优势，以农产品为切入点，大力引进优质服务商，建立“买西北，卖全国”的农业电商经营模

式。武功县产品资源不足，经济实力薄弱，农业单一且不具特色，从表面来看发展农业电商毫无优势可言。但武功地处“一带一路”战略要地，拥有便利的物流优势，西北地区又拥有丰富的农产品资源，在发展农业电商时可以以更宽广的视角看待这个问题，而不局限于县域的区位概念。因此，武功提出“立足武功、联动山西、辐射西北、面向丝绸之路经济带”的思路，致力于打造“西北电子商务第一县”的新目标。

武功县充分利用其区域优势，抓住“一带一路”“互联网＋”等机遇，逐渐走出了一条具有武功特色的农业电商新路径。武功县政府为吸引大量农业电商投资者入驻本县，设立了设施齐全、交通便利的武功县工业园区电子商务产业园，积极为有意向的电商企业介绍武功县地理位置的优势、政府扶持政策以及产业未来发展规划，通过不断地努力宣传，终于成功吸引了像西域美农、第八奇迹、熊猫伯伯等这样的农业电商企业落户。据武功县政府数据显示，武功农业电商正式起步以来，其发展规模逐渐壮大：2016 年引进电商企业 189 家、电商从业人员 1 万多人、日发货量 8 万多单、日交易额 500 多万元、年销售额高达 18 亿元、入驻快递公司 40 多家、淘宝网店 1200 多家、微信营销团队 2800 多人，为 3 万多人创造了就业机会。武功县贞元镇一位苹果园农户谭 ××，2015 年 9 月加入农业电商创业队伍，一个月的时间就通过电商平台销售苹果近万斤，不但解决了长期以来苹果滞销的问题，还极大地增加了个人收入。他说：“以前的苹果一斤 1 块钱都无人买，现在通过农业电商平台售卖苹果，一斤 7 块钱都供不应求，以前种苹果都赔本，现在保守年利润在 10 万元左右，电商平台解决了供求信息不对称的问题，给农产品开辟了新的销售渠道。”

武功县农业电商之所以在短短几年内发展得如此迅速，在于对自身定位准确，并且充分利用了区域优势和物流便利的条件，将从西北地区征集的特色农产品统一分拣包装，再销往全国各地。新疆的巴旦木、葡萄干等特产运到武功县后，再销往全国各地的成本竟然比在原产地直接发货还要便宜。西域美农是一家以销售新疆特产为主的公司，却将其配送中心从乌鲁木齐搬到2000多千米以外的陕西省武功县。这么做的原因是先前从乌鲁木齐往东部沿海等地区发送的货物，每单限重1千克，价格在7元左右，且续重价钱更高，快递配送成本居高不下，严重制约了企业的快速发展。而正在此时，美农公司副厂长刘××发现武功县这几年恰好在发展农业电商，且武功县交通便利，很适宜作为物流中转站。于是她就将公司落户到武功县，将新疆地区的特产运送到这里后，统一分发至东南沿海地区。每单限重可达3千克，价格反而降低一半，日均发单量达到1万～1.5万单，公司业绩不断上升。目前，武功县成功汇集了西北地区大量特色农副产品，如：陕北红枣、陕南茶叶、陕西苹果、关中肉奶、新疆瓜果、西藏牦牛肉、宁夏枸杞等，为聚集在园区的电商企业提供丰富资源。

现在很多电商项目突然发展起来，让很多人诧异他们是如何发现其中蕴藏的商机的。从陕西省武功县的案例可以看出，只要善于发现身边现有资源，在看似不可能的环境中挖掘潜在商机，将资源利用开发，是可以获得成功的。陕西省武功县农业电商成功的关键就在于其将本地交通区域优势充分运用到“互联网＋农产品”经营模式中。

二、苏州阳澄湖：“蟹二代新农人”的淘宝运营模式

阳澄湖镇地理位置优越，三面环湖，且该镇一半以上的地域面积为河流和湖泊，其水质清澈如镜，水草丰茂，极为适合大闸蟹生长。这里产出的大闸蟹肉质肥嫩鲜美，被赞誉为“蟹中之王”。随着互联网时代的到来，网络零售业务的飞速发展，农产品电商平台逐步将线下农产品带到线上销售，打破了传统农业供求信息不对称、市场预测能力薄弱和经营管理水平相对落后的局

面。在“蟹二代新农人”的带领下，阳澄湖将农业电商和传统大闸蟹养殖融合起来，使大闸蟹在淘宝上的售卖情况开创了从无到有再到发展壮大的新局面。淘宝网 90% 以上的大闸蟹销售记录来自阳澄湖大闸蟹，而阳澄湖大闸蟹大量的交易量源于淘宝卖家。农业电商的兴起，在促进当地经济发展的同时，也为当地农户提供了大量的就业机会。

阳澄湖蟹业电商的发展主要经历了三个阶段：一是初期试探阶段（2006—2008 年），受快递环境和大闸蟹季节性等因素的影响，阳澄湖蟹业淘宝零售相比衣服、鞋子、帽子等起步较晚。初期只是在网上上传简单的图文介绍后就上架经营，且包装运输等技术不成熟，大闸蟹死亡率较高，整体运作成本也比较大，网上售卖情况不是很乐观。二是初步发展阶段（2009—2010 年），经营主体仍以“蟹二代新农人”自主创业为主，淘宝商铺数量逐渐增加，虽快递环境仍不成熟，但个别企业已建立专业化团队，大闸蟹包装、捆绑及运输情况逐渐得到好转，大闸蟹死亡率逐渐降低，市场盈利空间加大。三是高速发展阶段（2011 年至今），传统农业公司进军电商行列，销售业绩不断攀升，部分产品策略和用人策略做得不够完善的企业被挤出蟹业市场，网络业务量大幅上升。

阳澄湖大闸蟹淘宝经营店铺在短短几年内增至数百家，年营业额高达数亿元，涌现出了一批以“今旺”“紫澄”“胡农”“碧波”等为代表的淘宝商铺。蟹业网络销售情况获得成功的原因有很多，以下主要围绕两点进行简述。

（1）拥有专业的淘宝运营能力　大闸蟹销售具有季节性强的特点，淘宝店铺大多从 4 月左右开始准备，6 月开始经营黄童子蟹，8—10 月的营业额占总年度的 70% 左右，12 月结束大闸蟹销售。大闸蟹经营周期较短，因而要想在短短几个月内占领市场，就要求淘宝店主拥有较强的运营能力和市场把控能力，除了产品选款、客服、店铺装修、推广等运营技巧，还需要具有超强的人员配置、产品营销技巧。比如，蟹业淘宝商家为满足主流网购客户的需要，将大闸蟹的单价定在200～300元的中小规格，并为少数高端客户配备高端礼品包装以吸引消费者；为保证公母大闸蟹平衡销售，在售卖时提出“买（母）送（公）”的捆绑销售模式；大闸蟹卡券消费与预售结合在一起，不但延长了大闸蟹经营周期，分担一部分旺季经营压力，还满足了客户随时取蟹和送礼的需求。蟹业电商间断性运营的特点，使商家在用人上也有明显的季节色彩，淡季订单少、用人也少，旺季订单多，用人相对较多。在招聘方面，阳澄湖大闸蟹商家每年与固定的教育机构和人才中心合作，以满足不同时段的用人需求。在育人方面，根据人员情况，分梯度制订人才培训计划。

（2）拥有完善的物流体系和产品包装流程　经过多年的发展，阳澄湖大闸蟹的电子商务物流建设已基本完成，从最初的三轮电动车、小货车快递运送模式，发展到现在的集装箱配送，从最初不成熟的包装技术，到以尝试专业化包装、用冰冻矿泉水瓶的方式发货，再到现在的统一包装、按照大闸蟹规格和雌雄情况的不同装入不同的聚乙烯网袋中、将蟹腹部朝下整齐摆放打上标签、扎紧袋子后放入装有冰块的泡沫箱中进行配送，阳澄湖电子商务物流建设的日益成熟，大大提高了大闸蟹的鲜活率，对阳澄湖蟹业电子商务的转型提供了重要保障。阳澄湖蟹业的发展主要依托于长三角地区便利的交通优势，由于对大闸蟹生鲜度要求较高，为确保大闸蟹出水后能够第一时间运送到消费者手中，企业对供应链的运作模式不断优化（图6–1）。

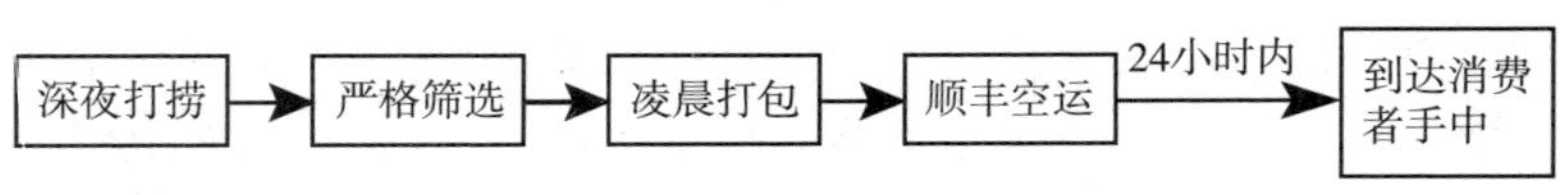

图6–1　以“今旺”为例的大闸蟹品牌供应链流程

发展农产品电子商务已成为我国未来时代发展的必然趋势，阳澄湖大闸蟹产业就是在网络经济的背景下，逐步完成了从传统农业经营模式向现代农业经营模式的转型。现在的阳澄湖早已不再局限于发展第一产业，而是通过打通包括生产、加工、储藏、包装、运输、营销等在内的全产业链条，形成了分工明确、相互依托的产业集群。

三、临安区白牛村：电商“玩转”村里山核桃

临安区位于浙江省杭州市西部，群山环绕，近90%的地区都是山区，山核桃的种植面积超过50万亩，农林特产种类相当丰富，赋有“中国山核桃之乡”“中国坚果炒货食品城”等称号。近年来伴随着农村信息化水平的提高和物流体系的完善，大批农民网商逐渐涌现出来，电子商务已经成为了推动该地区农村经济发展的新动力，不仅拓宽了销售渠道，使农民增收，还加速了农村向新型工业化、信息化、现代化、城镇化转型升级。白牛村地处浙江02省道边，交通便利，是周边地区山核桃交易的集中地，聚集着一批营运山核桃大户和加工山核桃的炒货企业。2013年，这里被授予中国首批“淘宝村”称号。而现在很多年轻人了解临安，并非是对其历史和自然风光感兴趣，而是通过网购临安的山核桃：临安每年销往全国各地的山核桃有65%是通过线上交易卖出去的。

在互联网时代来临之前，临安区虽拥有得天独厚的生态优势和资源，但仍面临“卖难”的问题，主要的销售渠道仍靠超市和专业市场为主。村民将炒好的核桃送到上海等城市的各大炒货店代卖，货款只能等山核桃卖出后才能结算，议价能力相对薄弱。像浙皖农贸城是临安区最大的山核桃批发市场，虽然来自全国各地的山核桃收购商都来这里购货，但销售渠道仍受限。2007年，白牛村村民初次尝试将山核桃放到网络上售卖，很好地解决了山核桃市场匮乏、销售渠道短缺的问题。2015年白牛村又被评为“中国农村电子商务第一村”，全村有近70户经营山核桃网店的

农户，年网络销售额高达3亿元。

白牛村通过网上销售山核桃发家致富的案例有很多，2007年，26岁的邵×由于刚生完孩子不能像以前一样外出打工，突然想到可以模仿在杭州开服装店的弟弟，自己在家开一个山核桃网店。于是她在淘宝网上注册了网店，起名为“山里福娃”，开了一年左右，收入近10万元。“山里福娃”由于拥有良好的货源，其经营规模不断扩大，店铺级别高达“5皇冠”，邵×也成为白牛村网上售卖山核桃的“一姐”。徐×，最初是个贩运山核桃的村民，发现网络销售山核桃居然有如此大的利润，随后与妻子一同加入到电子商务的队伍中，在淘宝上开设了一个名为“山货之乡”的淘宝店。经过不断的努力学习，徐×的“山货之乡”很快就占领了网商市场，成为白牛村网售山核桃的领头羊，年均销售额超过2000万元。白牛村的方×起初也只是一个山核桃小商贩，2010年为支持儿子创业在淘宝网上开了一家名为“林之源旗舰店”的商铺，不仅在网上销售山核桃，还为村里开设淘宝店的村民代加工山核桃，把线上和线下销售有机地结合了起来。在这些领头人的带动下，白牛村的村民纷纷走上农业电商的道路，积极开展电子商务。2011年，白牛村通过网店销售山核桃的店家已经开了40多家。

临安区的坚果炒货不仅在淘宝、天猫、1688等平台上进行销售，一些规模较大的企业还在京东、1号店等网络平台上开设了业务。为了保证山核桃的口味与质量，他们大都自己收购山核桃，再拿到炒货企业进行加工。电子商务的发展同时推动了物流和包装等关联产业的发展。现在物流公司可以上门取货，这不仅给卖家提供了方便，也降低了销售成本。临安区的农产品种类不是国内最丰富的，但却依靠其优越的坚果炒货资源、领先者敏锐的市场洞察力和地方政府的大力扶持，走出了一条不断发展壮大的电商道路。

首先，临安区拥有特色农产品资源，是占领网络市场的先决条件。临安区电子商务做得风生水起的关键因素除了互联网的发展及开店进入门槛相对较低等因素，还与当地拥有得天独厚的物质资源和村里出现网上销售能人有很大的关系。白牛村电子商务能够发展起来，很大原因得益于当地拥有发达的坚果炒产企业。临安人种植山核桃已有 600 多年的历史，起初坚果炒货产业主要以山核桃为主，随后衍生出碧根果、杏仁、夏威夷果等近 30 多个坚果品种，是全国最大的坚果炒货加工集散地。线上销售渠道缩减了中间环节带来的损失，增加了利润。

其次，电子服务体系的日益完善，为坚果炒货产品通过网络渠道进一步发展提供了助力。白牛村的农户在网上开店大多是临摹领先者的模式，但随着网上销售规模的不断扩大，众多商家急需政府、电子商务服务商等专业力量的帮扶。面对这样的情况，临安区政府对各类网络销售平台给予高度重视：为了完善电子商务发展的环境，从组织领导、政策制定、资金扶持等多方面予以大力支持；为了弥补电商高速发展、人才日益短缺的问题，临安区积极与各高等院校合作，对返乡创业的大学生、网店经营农户、家庭农场主等实行分层次培训。

最后，由于电子商务已逐渐渗透到城乡居民的生活之中，居民不仅希望在网上能够买到穿的、用的，更希望通过互联网能买到一些平时不易买到的高品质食品，这给临安的山核桃等坚果的网络销售提供了机会。白牛村每年自 8 月中旬开始，每天都能接到上千单的山核桃预售交易订单，在 9 月初山核桃成熟还未采摘的时候，这些山核桃已经被来自全国各地的客商预订一空了。从起初为销路发愁，到现如今的供不应求，真是一根网线解决了临安山核桃的销售渠道、一个鼠标使农民不用四处奔波找商户。农业电商的兴起，着实为村民们开辟了致富之路。

四、浙江省遂昌县：政府大力支持推动县域农业电商发展

互联网时代的到来，使电子商务成为未来最具潜力的业态之一。遂昌县位于浙江省西南部，人均耕地面积很小，但生态环境优越，是中国竹炭之乡。遂昌县就是抓住了“互联网＋农产品”的机遇，依托当地传统农耕文化和特色农产品，大胆创新，逐渐培育了大批农业电商，走出了一条具有遂昌地域特色的农业电商发展道路。

2005 年，一些有商业头脑的遂昌人开始涉足电商平台，在淘宝网上经营竹炭、烤薯、山茶油、菊米等具有当地特色的农产品。2010 年，在县委、县政府的引导下，为扶持电商成长，便于统一管理，整合供应商资源，规范服务市场，打造地方性产业生态链，遂昌县成立了网店协会。协会的一头连接着各个淘宝店铺店主，为其提供相关服务和农产品供货情况，另一头又与全县各大农村合作社对接。网店协会整合了农户和合作社的资源，将其对接到电商平台，为农户和合作社提供销售渠道。

遂昌县的三仁畲族乡青糕村四处环山，耕地零星可见，每户人家只有 4～5 亩的毛竹林。由于竹子出笋分大年、小年，他们便在大年的时候挖笋、小年的时候砍竹子，并运往 6 千米外的县城，一部分卖给当地人和旅游的游客，另一部分则是通过电商平台销往世界各地。因为村子里有特色资源，电商平台的兴起拓展了农户的销售渠道，在市场需求量高的情况下，村民每亩竹林能有 4000～5000 元的收入，比县城的人收入还要多。遂昌县农业电商的兴起经历了从无到有、从弱到强的发展历程，在给村民带来一定收入的同时也将当地特色农产品带到了世界各地。

在遂昌县有两种农业电商运转模式比较流行，分别是 C2C 和 C2B2C（Customer to Business to Customer）。电商平台从农户手

里购买农产品，然后在淘宝网店上销售给消费者的形式是C2C，也是第一种模式。例如：吴××在县城自己经营一家淘宝网店，主要卖薯干和糯米酒酿等农产品。为了采购正宗的薯干，吴××要花费3个多小时的车程到黄沙腰的农户家收已晒好的薯干。选择到黄沙腰采购薯干是因为那里海拔较高，土质好，制成的薯干在网店上最为畅销。而糯米酒酿由吴××的母亲在村里制作，将成品拍照，并配有相应的文字介绍上传到网店，供消费者购买时参考。

第二种模式是在两个C之间增设一个平台——网店协会和合作社，旨在确保产品的质量和安全。经协会平台审核后的每一只合格可以销售的鸡都会建档备案，每一头土猪都会按要求饲养。这种模式无形中规范了农户、合作社、协会、网店的层层责任制度，保证了遂昌农产品销售的质量和安全。遂昌县农村合作社有很多，其中经营相对好的有100多家。在青糕村，除了毛竹产业，当地合作社和网店协会经过调研还发现青糕这个具有畲族特色的农产品在网上销售很受欢迎。于是在合作社的带动下，村民们在闲时开始制作这个过年才会食用的青糕。为了保证食品质量和安全，像糯米、艾草、猪油等原材料均由合作社统一采购，磨粉处理后交由村民“蒸糕”，最后合作社将制成的青糕产品统一杀菌、真空包装，并印上商标和生产日期，之后再通过网店销售。年底合作社统一结算销售额，并按照每家农户蒸制的青糕数量付给一定的酬劳。

遂昌县通过遂昌县电子商务公共服务平台（简称“遂网”）实现“农产品进城”和“消费品下乡”。“农产品进城”就是通过遂网，一方面整合农户和合作社的供货资源，另一方面与当地在淘宝上开网店或开微店的城镇年轻人对接，通过遂网将当地特色农产品分销到一、二线城市。“消费品下乡”就是通过赶街网，依托村内的便利店，为村民提供实时的农商资讯、快递收发、网上交费、网上代买和代卖农特产品等。

遂昌农村电商成功的关键在于找到了政府和市场的最佳契合点，做到以引导为主，大力扶持为辅。遂昌电子商务的成功能否被复制是现在人们最关心的一个问题。遂昌模式可以复制，但需要政府扶持、专人跟进才能得以实现。遂昌模式虽然简单易学，但是想要营造出大批人才自发聚集的圈子和政府鼎力支持的氛围相对较难，我们在学习仿效的时候还应该注意结合自身县域的发展情况，走出一条适合当地区域发展的农业电商道路。

五、甘肃省成县：一则微博诱发县域电商崛起

成县位于甘肃省陇南市，这里属于嘉陵江水系，但人多地少，且山地较多，又曾经多次受到地震灾害的影响，工业经济发展相对落后。然而，这里有着丰富的农林产品资源——50万亩核桃林，为日后农业电商的兴起提供了保障。成县，这个被称为“国家级贫困县”的小县城，本来没有什么能够吸引大家的地方，但它之所以能在互联网上一炮而红，主要是县委书记李祥多次利用微博、微信等媒介宣传家乡土特产。李书记在微博里夸赞自己家乡的鲜核桃，久而久之，不但自己成了网红达人，还推动了成县的电商发展。成县的村民们在县委书记的带动下，纷纷尝到了通过微博、微信推广销售成县鲜核桃的甜头。成县模式虽简单，却走出了“爆品拉动，多品畅销”的道路。

如果不是县委书记李祥不断通过微博为家乡的核桃做宣传，成县肯定不会像现在这样声名远扬。翻看李祥的微博可以看出他对家乡核桃的痴迷程度：核桃的生长环境、生长的每个环节都要附上相应的图片和文字夸赞一番。有一次成县开办核桃展销会，他更是不遗余力地将展销过程中的各种图片上传到微博上供未到场的人们观看。从李祥写的微博可以看出他是打心底想要把家乡的鲜核桃分享给全国各地的人们。这些话虽然是在宣传家乡的核桃，但也能看出这是从李祥心底发出的声音，怎能让人不心动、

不动容呢。成县因为有了这样一位“核桃书记”一夜爆红，李祥的微博粉丝量也逐渐攀升，现在已涨到20万人。出名后的李祥不断接受各大论坛、媒体的采访，这下他就有了更多的渠道宣传家乡的鲜核桃。在县委书记带头宣传、全县村民共同努力下，成县核桃终于引来了媒体和社会各界的广泛关注：2013年，销往上海、兰州等的成县核桃高达120多吨。在当地政府的带动下，成县核桃网上销售平台、物流配送体系等硬件设施也在逐渐完善起来。而按照李祥的思路，把鲜核桃推出去只是成县发展农产品电商的第一步，等成县的品牌再响一点以后，就可以接着宣传自己的樱桃、土蜂蜜、香菇和金银花等一大批当地土特产了。

很多其他地方的电商企业认为，成县农产品电商做得如此风生水起的关键因素是成县出了一个会玩微博的好书记。而事实上，发微博宣传成县核桃的做法，只是营销手段的一种，还有许多其他因素的共同作用，才促成了成县电商的不断发展壮大。

首先，成县拥有一个强有力的爆品来激发电商。成县的强势单品就是有千年以上种植历史的核桃。早在2001年，成县就被国家林业局授予了“中国核桃之乡”的美誉。近年来经过多方努力，通过全面落实核桃产业发展规划，成县逐步建成了4条万亩核桃林带。其地理位置优越，气候环境适宜核桃生长，且成熟的核桃果仁饱满核皮薄，含油率较高，氨基酸含量较为丰富，品质优良是成县核桃最大的特点。

其次，在发展中逐渐形成了稳定成熟的销售模式。成县与电商平台合作，成立了农林产品电子商务协会，又通过培养农户使用互联网，逐步建立起稳定的电商销售模式。这些后续措施的跟进，使成县核桃的高销售量能一直延续下去。如今的互联网十分发达，网络上也时常出现农产品滞销的报道，如一时间有山东潍坊的洋葱、山东成武县的豆角、中牟县信王村的蒜薹等滞销的消息。一经微博、微信推出，很快就能引起人们的关注，纷纷伸出援手助其解决燃眉之急。然而由于没有形成稳定的销售模式，滞销卖难的问题无法从本质上得以解决，时间久了类似的情况又会再次出现。所以，想要带动区域经济发展，推动产业化发展是前提。有了这个前提，再依靠集群优势带动电商下乡，才能最终形成有产品、有销路的稳定销售模式。

最后，是资源的整合。成县政府号召在外求学的大学生回乡创业，并对召集的各方人才进行网络专业化培训，在集聚人才的同时，不断发展和培养人才。解决了人才问题，接下来就要寻找能够通过互联网进行宣传的农产品了。电商平台的工作人员跋山涉水寻找优质农特产品，通过电商平台先后打造出蔬菜、樱桃、中药材等具有当地特色的农林产品，解决了销售品种单一的问题。随后，成县政府通过与生活网、我买网等电商企业合作，逐步整合拓展了农产品的销售渠道，使农产品有货有市，还能卖出个好价钱。在中国，最不缺的就是具有地方特色的优质农产品，但是真正能做到跨出地域限制、不断发展壮大的农业电商企业并不多。成县核桃电子商务能够做得如此成功，最重要的原因是将其有限的资源进行了有效整合，在提升自身供应能力、打通地方农产品产业链的同时，也打响了自己品牌，增加了消费者的购买欲望。

在农业电商运营过程中，“最后一公里”的物流配送问题始终是阻碍电商发展的一大难题，而成县设立的以“县级农村配购中心”“乡镇农村配购站”以及“村配购点”为主体的三级物流配送体系很好地解决了电子商务的物流配送之痛。来自全国各地需要运送到村里的货物，首先由当地较大的物流企业负责进行整合，随后按照“东、西、南、北、中”这 5 条线路分别将货物运送至“乡镇农村配购站”，之后再由配购站负责将货物分发到所有的“村配购点”后再发放到村民手中；相反，各村需要外销的货物都被汇集到县中心，再交由快递公司运走，分发至全国各地的消费者手中。面对农村人口分散、基础设施薄弱的情况，这种乡村物流的集约化发展，有效地化解了农村电商“最后一公里”

物流配送难的问题。

县域电商的蓬勃发展，涌现出大大小小不少通过网络平台销售当地特色农产品或其他衍生品的商铺。可是单凭村民自身实力很难解决农产品的二次加工、包装、存储、物流配送以及品牌打造的问题。于是，成县政府出面建立了县级、乡镇级供应商，负责整合当地优质农产品，并对其进行一系列的产业化包装，为全县 900 多家网店、微店的商品供应提供保障，极大地促进了成县农产品电子商务的发展进程。

总结成县电商发展的历程，大致可以归纳为“政府主导，协会引领，媒体助力，对焦农户”的方式，这也是成县模式与其他地方电子商务的区别。成县模式其实十分值得各地方政府学习，尤其是那些拥有特色农产品的地区。在基础资源不丰富的情况下，县域电商可从单一品种入手，集中宣传，打造明星产品，然后再通过明星产品带动其他商品逐步发展。在电商建设的初期，由于一些地区的知名度和影响力相对薄弱，县域电商可以把自己的信誉度与当地政府的权威性相结合。成县鲜核桃能火，消费者之所以愿意尝试购买鲜核桃，也是因为他们相信有县委书记作保障，产品质量一定不会差。成县县委书记微博的发布改变了成县这一贫困山区的命运，或可为其他贫困地区发展经济起到示范作用。

六、吉林省通榆县：品牌打造强占农商市场

通榆县拥有天然的弱碱沃土，是公认的杂粮杂豆黄金产区之一，它还拥有打瓜、牛羊肉等特色农产品。通榆县虽然拥有丰富的农产品资源，但商品化程度较低，经营方式一直停留在产业链的末端，优质农产品无法与市场需求有效对接，因而长期未形成规模化发展，品牌效应也相对较低。为了改善农产品销售落后的状况，通榆县决心打造电子商务平台，实施原产地农产品直销计

划。2013 年，通榆县借助电商平台名利双收，逐渐形成具有通榆特色的、以品牌打造为基础、以农产品原产地直供为核心的电商发展道路。这个曾经名不见经传的小县城已经逐渐被大家熟知。

“通榆模式”的兴起带动了当地农产品的发展，其成功的关键在于价值共享。经过几年的发展，“通榆模式”已经成为了继“遂昌模式”和“成县模式”之后的第三种行之有效的农产品电商发展模式，为当下农商下乡提供了宝贵的经验。

首先是产品资源的整合。通榆县是全国有名的“杂粮杂豆之乡”“葵花之乡”“绿豆之乡”，这里的很多农业单品在全国农产品排行中名列前茅。于是，通榆的乡镇政府及一些深加工企业便将异质化的产品整合起来，增强产品的市场竞争力。为了从根本上改革生产方式，通榆组建了“三千禾”合作联社，吸引合作社和村民加入。同时，为扩大本地农产品种类、品种优化，通榆县政府还与农科院建立合作关系，为项目的顺利进行注入科技力量。

其次是特色品牌的打造。通榆县农民长期以传统的销售方式经营本地农产品，品牌打造意识相对薄弱。然而要想在多元化的市场中站稳脚跟，品牌塑造显得格外重要。为此，通榆县为当地的农产品起了一个“三千禾”的名字，呈现出一种集众多品种于一身的商品品牌。同时，为了展现品牌的魅力所在，通榆县将所有地区产品在全产业链上建立统一的农产品分包装中心，采取统一采购、包装、运营、配送、售后的方式，建立层层质检体系和产品溯源体系，形成了一套具有地方特色的标准化运作模式。

再次是政府扶持。通榆县是典型的东北农业大县、国家重点扶持贫困县，地理位置相对偏远，且交通运输比较落后，主要通过批发和零售的方式销售本地特色农产品。想要在这样一个电商基础相对落后的地区发展农村电商，需要当地政府的鼎力支持。为此，县政府与第三方运营公司共同组建了“通榆县电子商务发展领导小组”，为电商落地提供思路和政策支持。同时，领导小组还选派部门中能力较强的年轻干部组建协作机构，为电商项目顺利实施保驾护航。有了政府的支持，通榆县电子商务成功的概率也就大大增加了。

最后是创新的营销方式。资源整合、品牌塑造、政府扶持的问题都解决好以后，接下来的重点就要放在营销上了。因为只有产品卖得好，让农民真正获得利益，之前所做的一切铺垫才有意义。如今的时代是一个信息共享的时代，如何让本地的农产品多多出现在公众的视线中显得格外重要。通榆县委书记和县长利用微博、微信等社交平台宣传当地特色农产品，并通过举办大量“东北新鲜葵花淘宝开售”“聚土地”等一系列营销活动宣传推广自己的特色农产品，借助政府公信力提高农产品信誉，通榆的农产品很快就推销出去了。

“通榆模式”在品牌化打造和农产品销售环节有自己的特色。其电商运营模式属于企业运行形式，核心任务就是将农产品生产方的资源整合起来，再通过淘宝等电商平台卖给消费者。吉林云飞鹤舞农牧业科技有限公司在注册“三千禾”品牌后，直接入驻了天猫旗舰店。而在旗舰店上线当日，通榆县政府领导就联合发表了一封面向全国消费者的公开信，以自身的公众形象为当地特色农产品代言，博得用户的注意力。信中写道：“从今天开始，代表我县优质杂粮杂豆的‘三千禾’品牌正式登录淘宝网，这将给您送去更加纯粹的原产地特色农产品，也将为您带来更具趣味的健康饮食体验……”在通榆县政府领导的大力宣传下，互联网消费者对“三千禾”的品牌信任度大大增加了，这也给通榆县进一步发展农产品电商奠定了良好的基础。

上线后，云飞鹤舞首先以“新鲜葵花籽 38 元整盘直送”引爆市场。很快，这些在当地市场上零售价不足 10 元的 4000 个葵花盘就被一抢而空。随后，通榆人尝到了电商带来的甜头，而仅仅一个天猫旗舰店也已经无法满足其大量农产品的网络销售需求。于是，通榆县开始举办电商讲座，不仅要求基层农业干部、大学生村官参加，还要求县里种植大户、农产品企业都来参加学习。随后，大批农户逐渐在网上开店，与淘宝、1号店、京东等线上平台建立合作关系。由于现在的人们使用移动手机上网选购商品的次数较多，他们又推出“放心粮”移动端APP以适应市场需求。

2015年，“三千禾”品牌的10个品类30多款农产品搭上了电子商务的列车，销往全国23个省份，村民们也从中受益。青海村的陈××主要以种粮为主，以前费很大力气每千克粮食最多也只能卖1.4元，而现在每千克居然能以2.5元的价格卖给电商，不仅价格高出了一倍，而且卖得又快又省力。陈××说：“电商真的好神奇！在网上就能把粮食卖出去，这要放以前我想都不敢想。”至此，“通榆模式”可谓大获成功。那些电商基础相对薄弱，且没有自主品牌的县域，如果想要通过电商平台销售农产品，进而促进当地经济发展的，不妨借鉴一下“通榆模式”。

七、江苏省颜集镇：电子商务将花木之乡的美誉播撒至祖国各地

江苏省沭阳县颜集镇，地处鲁南丘陵和江淮平原的过渡带，属温带半湿润季风气候。光照充足，降雨适中，其土壤主要以黑土和淤土为主。正因为颜集镇拥有如此优越的地理位置和气候条件，才使得农林业成为了沭阳的传统优势产业，自古便享有“花木之乡”的美誉。2013年12月，在浙江丽水举办的“淘宝村”论坛上，颜集镇又斩获了“淘宝村”的荣誉称号。颜集镇电子商务的成功之道主要有以下几点：①专业化的花木之乡为农村电商的形成和发展提供了基础；②淘宝花卉市场为农民网商提供重要保障；③胡××开创网商先河，为农民进入电商领域提供先决条件。随着“互联网＋”概念的提出，颜集镇花木产业也逐渐打破传统销售方式，以发展电子商务助推产业转型升级，依托淘宝等网络平台建立全新的商业模式。将电子商务与传统花木产业相

结合，如今的颜集电子商务俨然成为了当地一张亮丽的名片。

颜集镇当地的农户起初以种粮为主业，并不理解政府所说的种植花木是农民发家致富的最佳途径。而当先期种植花木的农户开始获得可观收益的时候，其他村民才有所感悟，开始逐渐转型为以花木为主的种植模式。20 世纪 80 年代后，颜集等乡镇的花木种植逐渐规模化。经过多年的发展，花卉种植品种达 2000 多种，成为我国最大的花木基地镇，并荣获多项荣誉称号。颜集镇具备"一村一品"的典型特点，目前已经形成了集花木规模化种植、质量甄别、区域性产品声誉及产业链条与产业集群共同发展为一体的专业化的花木种养殖市场。而胡 ×× 等人之所以能够进军互联网，也正是由于有了专业化种植的支撑。在电商平台选择销售花木，是因为花木是颜集镇的主导产品，是最具销售经验的产品，也是最具地方特色的产品，选择它可以在很大程度上降低颜集的互联网创业风险。专业化生产不仅为进军互联网的先导者提供了充足的资源，同时也为后期的跟随者能够顺利进入市场创造了条件。消费者只需要在一户人家的网店下单，就可以买到颜集市场上绝大部分种类的花卉，因为即便某种花卉在这家店里没有，其店主也可以到附近的商家提货转交给消费者。专业化所带来的产业集群效应是颜集镇电商发展如此迅速的重要原因。

2005 年，花木大户胡 ×× 将电子商务的销售模式引入到了当地花木市场，成为颜集镇"网上卖花第一人"。凭借电商平台的帮助，他的经营范围逐渐扩大，每日的业务量不断攀升。村民们很快就发现了其中的奥妙，纷纷追随胡 ×× 走上了农业电商的道路。胡 ×× 也把自己的成功经验传授给村民，极大地降低了村民进入电商平台的技术壁垒和创业风险。在随后的全镇创业中，有的花农以自家种植的花木品种为销售产品，有的农民则根据消费者需求到村里收购产品，还有的村民干起了农业电商"最后一公里"的物流配送。村民松 ××2010 年开设了"你是小花农"的网店，目前店铺级别已经升到 2 皇冠，在他家可以看到 3

台电脑共同运作的景象。“尽量自己制作图片和提高进货标准”是他在花木市场竞争中取胜的重要法宝。同时他探索出用“三棱”式的纸箱包装发货，可以保护花木在重压之下仍然完好无损，大大降低了物流门槛。类似的示例还有很多，而颜集镇的网店数量在一年里就扩大到了100多家，很多在外读书的大学生毕业后放弃了在城里的发展机会，毅然选择回乡开网店。

传统的花木产业经营模式主要是农民种植花卉，花木经纪人再从农民手中采购花卉，通过面对面的交易方式转卖到市场。这种现货交易的市场形态级别相对较低，且交易规模小，交易范围分散，受时间和地域等因素的限制较多，所以传统的交易模式只能带动村里的一部分人富裕起来。而电子商务模式的兴起，极大地扩展了花卉的销售空间，将线上交易与线下花木培植有效地结合起来，不但降低了流通成本，提高了花农的利润空间，还极大地解决了由于信息不对称导致的了解消费需求不及时的难题。花卉淘宝市场的出现，降低了存货成本和经营风险，形成“上午接单，下午到市场批货”的经营模式，让农民“零风险”在网上开淘宝店卖花木。比如，专门为淘宝卖家供货的新河市场，市场中搭建几十个简易大棚，种植各种绿植盆栽，品种齐全。每天早上开市，周边村庄的淘宝卖家就按照订单信息进行采购，最后销售到消费者手中。这种淘宝卖家在接单后再来花卉市场取货的方式，真正实现了零库存，大大降低了经营风险。电商的发展同时吸引了大批快递公司入驻颜集镇，顺丰、韵达等物流公司的到来又极大地改善了当地的交通条件，促进了线下花卉淘宝市场的进一步发展。

2017年第一季度，颜集镇的网络销售额就高达3.2亿元，同比增长29.1%。总结一下颜集镇成功的经验，首先离不开专业化的种植市场。如果不是早期政府大力引导村民种植花木产品，也不会有现在的“花木之乡”。同时，胡××等互联网先行者的创业成功经历给村民起到了良好的榜样作用，花卉淘宝市场的出现更是有效解决了花木供需信息不对称和产品存储难的问题。众多因素促成了如今火爆异常的颜集镇花木网络销售市场，颜集镇的李 ×× 表示："以前总有一种感觉，就是别人想买花木，而我们也想卖，但就是互相联系不上，有的时候我们还会为了卖花木瞎跑了好多城市。现在好了，有了网络这个平台，以后买卖对接起来容易多了。"可以看出，通过网络平台销售花木，不仅给农民们提供了便利的销售渠道，更为他们带来了创收的机遇。

八、宁夏回族自治区灵武市：打通生鲜果蔬全网销售通道

灵武市地处宁夏中部，位于以银川河东机场为中心的空铁联运、铁海联运、公铁联运的开放式物流通道上，区域面积 4600 多平方千米，倚黄河之利，水资源及其他农业资源相当丰富。在经过母亲河的灌溉之后，灵武孕育出了国家优质果品"灵武长枣"。"灵武长枣"果味甘甜而醇厚，果实硕大饱满且汁液多，果肉呈白绿色，含人体所需的多种维生素和矿物质，营养价值高，被评为中国国家地理标志产品，是宁夏最具特色的农产品之一。

灵武市供销社主要销售 15 大类 6000 多款长枣产品，包括"沙漠鲜"牌有机灵武长枣、"灵丹"牌绿色灵武长枣、"艾依河"牌红枣醋系列等。在全国 31 个省（区、市）内共有 150 多个产品专卖店，还与京东、顺丰优选、淘宝网等多方电子商户合作建立网上交易平台进行线上销售。通过在第三方平台销售灵武长枣，灵武市供销社逐步体会到了农业电商带来的便捷与实惠。但他们不再满足于依靠第三方平台被动宣传本土特色产品，而是想依托自己打造的农业电商平台将灵武长枣售卖到全国各地。于是，灵武市供销社同灵武市果业开发有限公司、灵武市星通职业技能培训学校和宁夏农利达农资有限公司共同组建了宁夏皇都电

子商务科技有限公司，并于2015年7月启动了“灵武市供销合作社三农电子商务服务平台”，通过网络将灵武长枣等农副产品销售到全国各地。在深入了解市场消费结构、交通运输情况以及灵武供销社的资源禀赋等情况下，公司将运营重点落在了对批发市场的改造和冷链系统的建设中。

首先，灵武加快了对批发市场信息化的改造。灵武市供销社发现，批发市场仍然是农产品销售的主力军，而当地批发市场的信息化程度较低，很难获得有价值的交易数据，更不要说指导生产了。于是，灵武开始对批发市场进行升级，通过终端连接、将数据与平台对接的形式，形成大数据系统，引导农户合理生产。比如，以前西红柿种植大户最头疼的事情就是决定自己的种植规模：种多了怕卖不出去，导致亏损不说，剩余的西红柿还不知道如何处理；种少了又怕市场行情好，供不应求，挣不到钱。而现在，农民可以在网站上事先了解市场需求信息，跟全国各地的买家直接联系，对产品需求有了一定概念后统一组织货源，集中发货。这么做既能保证货源，又能节省运费，利润也比以前高出很多。通过“网上供销社”平台，每天都有70多吨的本地西红柿销售到区外，每千克的价格也在不断上涨。

其次，灵武市还十分注重冷链技术的研发，为长枣上线提供了有力的保障。灵武市生鲜农产品主要以夏秋两季为主，上市较为集中，为在短期内给大批生鲜农产品提供保鲜，灵武市网上供销社建立了“长枣冷链配送中心”。该冷链中心拥有12个小型变温冷库，能储存5万吨长枣，并且拥有每天80万吨的运送能力，给长枣的线上交易提供了有力支撑。灵武市供销社深知，在生鲜电商领域，谁对冷链环节掌握得最多，谁就能更快地抢占市场。因此，他们不断研发冷链技术，宁夏红枣工程技术研究中心共研发出14项成果、16项专利。

最后，从灵武农业电子商务的案例中可以学到一些特别的经验。第一，一些被大众忽视的、受众群体庞大的商品同样能够开创一个具有发展前景的市场。灵武市供销社在开展农业电商的过程中，就选中了灵武长枣这个针对大众群体，但却具有个性化消费的地理标志产品作为主打商品获得了成功。第二，完全抛弃传统的消费渠道，而将农业电商当作唯一销售渠道也是不可取的。灵武市供销社在开展农业电商的同时，并未摒弃线下的销售渠道。通过对传统的批发市场和社区门店等进行信息化改造，构建生鲜农产品的全渠道销售体系是灵武市商业模式成功的一大保障。第三，灵武长枣能够如此畅销，与政府的大力扶持也是分不开的。灵武长枣虽然品种优良，但在全国的知名度并不是很高，供货渠道相对狭窄。为了推进灵武长枣的产业升级，灵武市政府大力扶持长枣产业，不仅出资创建科技示范园，还通过补贴政策鼓励电商、微商网络等多方电商平台销售灵武长枣。灵武的电子商务平台，不仅撬动了当地的优势特色产业，更加速了传统农业向现代农业的转型升级，给“互联网＋农业”的发展提供了全新的动力。

参考文献

[1] 黄道新. 中国农村电子商务案例精选 [M]. 北京：人民出版社，2016.

[2] 郭永召. 农产品电子商务教程 [M]. 北京：中国农业科学技术出版社，2016.

[3] 阿里巴巴（中国）有限公司. 中国淘宝村 [M]. 北京：电子工业出版社，2015.

[4] 文丹枫. 再战农村电商："互联网＋"时代的下一个新战场 [M]. 北京：人民邮电出版社，2016.

[5] 高武国. 农产品电子商务与网络营销 [M]. 北京：中国农业科学技术出版社，2015.

[6] 海天电商金融研究中心. 一本书读懂农业电商：双色图解版 [M]. 北京：清华大学出版社，2016.

[7] 李玉清. "互联网＋"农产品营销 [M]. 北京：中国农业大学出版社，2016.

[8] 吴会朝. 新农村新科技："互联网＋"与美丽乡村建设 [M]. 长沙：中南大学出版社，2017.

[9] 施维. 新农人电子商务一点通 [M]. 广州：广东教育出版社，2016.

[10] 杨超. 农产品电子商务 [M]. 北京：中国农业科学技术出版社，2016.

[11] 魏延安. 农村电商：互联网＋三农案例与模式 [M]. 北京：电子工业出版社，2015.

［12］傅泽田，张领先，李鑫星．互联网＋现代农业：迈向智慧农业时代［M］．北京：电子工业出版社，2016.

［13］郑舒文，吴海端，柳枝．农村电商运营实战：农产品上行＋电商下行＋人才培训＋产业园打造＋资源配置［M］．北京：人民邮电出版社，2017.

［14］曹宏鑫．互联网＋现代农业：给农业插上梦想的翅膀［M］．南京：江苏科学技术出版社，2017.

［15］查红，黎青，皮楚舒．现代农业与互联网电子商务［M］．北京：中国农业科学技术出版社，2017.

［16］丁士安．农村电商营销创业全书［M］．北京：中华工商联合出版社，2017.

［17］朱斌，付明，鲁建斌．农民手机应用［M］．北京：中国农业科学技术出版社，2017.

［18］王丘，徐珍玉．农业电子商务应用手册［M］．北京：化学工业出版社，2015.

［19］陈虎东．互联网＋农村：农村电商的现状、发展和未来［M］．北京：清华大学出版社，2017.

［20］林广毅，王昕天，李敏，等．农村电商100问［M］．北京：中国人民大学出版社，2017.

［21］林禄苑，李校原．一本书搞懂农村电商［M］．北京：化学工业出版社，2017.

［22］宋丽芳．农村电商政策知识一本通：农村电子商务实用手册［M］．北京：北京邮电大学出版社，2017.

［23］文丹枫，徐小波．再战农村电商“互联网＋”时代的下一新战场［M］．北京：人民邮电出版社，2016.

［24］王丘，徐珍玉．农业电子商务应用手册［M］．北京：化学工业出版社，2015.

［25］李怡菲，韩斌．农产品网络营销实务［M］．北京：中国农业大学出版社，2016.

[26] 陈军民，李红俊，于学文. 农产品电子商务 [M]. 北京：中国农业科学技术出版社，2015.

[27] 张思光. 生鲜农产品电子商务研究 [M]. 北京：清华大学出版社，2015.

[28] 严行方. 网上销售农产品 [M]. 厦门：厦门大学出版社，2014.